...TRAMES...

Françoise ISSALY

5 au 24 novembre 2012

Avec des textes de
Aude Delaporte et René Viau

Images et œuvres par Françoise ISSALY

Textes de Aude Delaporte et René Viau

Delaporte, Aude 1977 -
Issaly, Françoise 1968 -
Viau, René 1949 -

Photos: Franck Lansiaux et Françoise Issaly

Contact: Francoise@francoiseissaly.com
Tél: 514-815-4767

Dépôt Légal – 4me trimestre 2012

ISBN: 0991685008
ISBN-13: 978-0-9916850-0-4

Editions Fri (Françoise Issaly)
Montréal, Québec

REMERCIEMENTS

Publié à l'occasion de l'exposition ...Trames...
présentée à la galerie Zéphyr, lieu d'Art en novembre 2012, à Montréal, Québec.

Merci à Daniel Roberge qui m'a généreusement donné la chance
de présenter cette exposition

Et un immense merci à Sandrine L. pour toute son aide.

www.francoiseissaly.com

Publié aux Editions Fri
www.editionsfri.com

TABLE DES MATIERES

HUIT NOTES SUR LA PEINTURE
de Françoise ISSALY

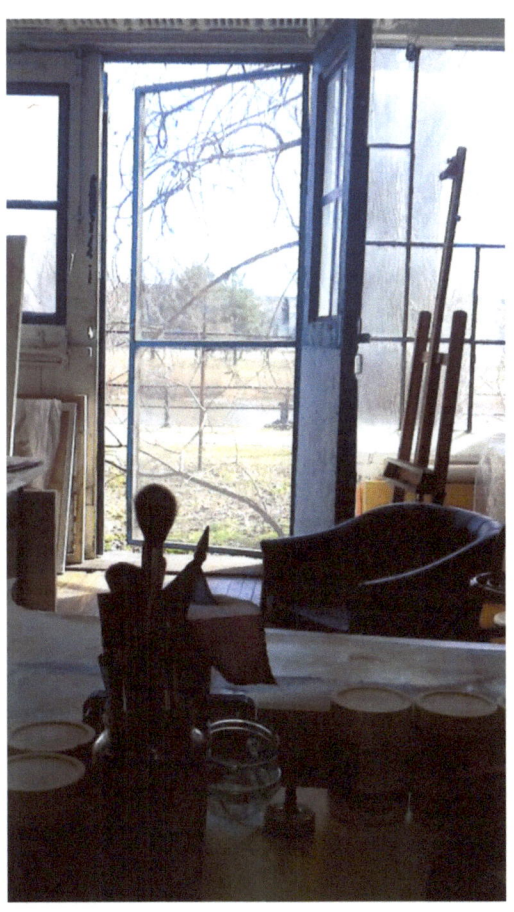

Me voici sur les bords du Canal Lachine dans une ancienne usine où l'on fabriquait des matelas aujourd'hui reconvertie en une essaim d'ateliers d'artistes. Nichée au sein de cette ruche, l'atelier de Françoise Issaly donne sur le canal qui coule sous sa fenêtre. C'est l'été. Sur sa table de travail, Françoise me montre ses œuvres sur papier réalisées au jet de sable. Lors de notre conversation, l'artiste explique aussi que certains aspects de ses œuvres peuvent s'inspirer de sources aussi diverses que les ailes des cigales ou du plan en écheveau de la ville médiévale, avec le lacis des rues anciennes qui l'a vue grandir dans le Sud de la France, comme pour les papiers réalisées au jet de sable.

En définitive l'une des principales interrogations que pose l'artiste se résume à celle-ci : celle de savoir à quel point l'expérience humaine s'y infiltre et s'y insère. Mais comment y répondre tant la question posée est vaste ? Ce que l'artiste offre mais avec combien de modestie (et une modestie que je ne voudrai pas ici trahir), c'est une image de l'existence.

Je regarde ses œuvres. Elles me renvoient à tant de pistes. Je tente d'organiser un peu le flot de pensées et de sensations qu'elles font surgir en moi. D'où ces quelques notes jetées d'abord en vrac sur mon carnet, puis retravaillées.

René Viau

3

Note 1. Veines. Capillarités. Avenues. Écheveaux. Structures résiliaires. Plans ajourés. La peinture s'étend en méandres. Motifs et « fond » se confondent pour former une surface ambivalente. Cette conjugaison se dérobe à l'œil pour peu que celui-ci se soustraie à l'entraînement curvilinéaire des tracés. Dans certains cas, (la série *Configurations* de 2004), les mouvements de ces méandres se prolongent d'un cadre à l'autre. Parfois, l'espace vide d'entre les tableaux, accrochés serrés, est ainsi mis à contribution. Gommant les blancs et les ruptures, le spectateur participe alors activement à reconstituer l'ensemble. Ailleurs, ces formes qui flottent à travers l'espace du tableau provoquent au sein de son périmètre un Big Bang tant les structurations différentes se nouent ou se dénouent comme autant d'ordres de compositions possibles. Les couleurs en camaïeu nous rappellent le monde naturel : terre brûlée au soleil ; nuits aux ciels clairs et chargés de bosquets d'étoiles ; forêt moussue ; cascades écumantes ; végétations luxuriantes... Mais toute suggestion directement paysagiste est absente.

Fruit d'une prolifération générative, les toiles sont envahies de ces motifs disparates. Ils s'additionnent en essaim. Ils se répètent ou s'équilibrent. Tantôt on pense à des formules physiques ou la structures d'atomes ou plus récemment de trames qui s'entrecroisent en conjuguant leurs modes incertains.

Note 2. L'étrange sentiment que nous procure la contemplation de ces peintures est celui d'un vertige. Quelque chose se télescope.

Note 3. Une célébration du monde dans ce qu'il a de plus élémentaire. Après tout on pourrait également voir la peinture de Françoise Issaly comme cela. Les modèles du peintre sont du côté du mouvement, du rythme, du flux et du reflux, des vides et des pleins qui cohabitent ou se combattent, c'est selon, du fluide, de l'animé, bref de tout ce qui vit, circule, respire, flotte ou navigue sans dessus, dessous, dans une sorte d'immersion universelle.
Ce qui compte ici est la capacité à s'incarner, à témoigner d'une présence.

Note 4. Avec leurs circuits en juxtapositions et superpositions, ces peintures pourraient également évoquer des graphes mystérieux, des plans de ville, une géographie secrète, la mappemonde d'univers incertains, des miniatures à la mesure de nouveaux horizons.
Françoise Issaly veut-elle ainsi nous emmener vers un lieu hors de tout lieu, à la contemplation de franges inexplorées? Mais est-ce tant une façon de sublimer le monde qui est en jeu? À voir et ausculter ces œuvres, on comprend davantage que l'état d'esprit dont elles témoignent correspond plutôt à cette sorte de puissance métaphorique, telle que décrite par le philosophe Gaston Bachelard, à une exploration systématique de l'élémentaire à travers un intérêt pour les métamorphoses de la matière. Nous sommes témoins d'une descente, d'un retour au primordial, à l'archétype. Ces œuvres se situent ainsi tout autant dans une conscience de la transformation que dans une énergie primitive et tellurique. Gaston Bachelard dans la *Poétique de l'espace* a pointé les relations possibles entre le macrocosme et le microcosme et plus précisément entre l'état de miniature et celui d'immensité. Bachelard appliquait ses réflexions principalement à la poésie. Son analyse des images et des représentations de l'espace fait notamment preuve d'une sensibilité propice à l'examen des propositions de Françoise Issaly.
De la *Poétique de l'espace*, on connaît ces magnifiques lignes du chapitre sur la miniature où Gaston Bachelard dresse un parallèle antagoniste « *entre l'immensité de l'espace du monde ou la profondeur de l'espace de dedans* » et défend « *une phénoménologie de l'extension, de l'expansion, de l'extase bref une phénoménologie du préfixe* ».

« ....Parfois les transactions du petit et du grand se multiplient, se répercutent. Quand une image familière grandit aux dimensions du ciel, on est soudain frappé du sentiment que corrélativement les objets familiers deviennent les miniatures d'un monde. Le macrocosme et le microcosme sont corrélatifs ».

Certes, ce ne sont pas tant les objets familiers que fait intervenir Françoise Issaly mais bien plus des impulsions et des actions de l'ordre du geste : encercler, marquer de traits et de points... Multipliant les signes, ce qui en découle s'associe à une genèse, à une régénération, à une perpétuelle fuite en avant. De nouveaux mondes renaissent sans cesse. C'est sur ce mode qu'opèrent nombre de ses œuvres. Le défi serait d'ordonner et de répertorier l'amplitude de la matière matérielle et mentale qui en constitue l'élaboration.

Les couleurs appliquées, ces transmutations, les gestes de dessiner et de peindre s'allient à l'instinct et au sens de la composition. Par certains aspects parfois plus spontanés, ces œuvres font appel à notre mémoire collective, à l'évocation à fleur de peau de la lancée du geste. À travers les glacis et les transparences se jouent une succession d'apparition et de disparition. Prenant à témoin des grands archétypes « élémentaires » auxquels elle revient sans cesse, dérivant vers autant d'incertains ailleurs, l'artiste donne naissance à plusieurs récits autonomes, à tout un imaginaire de possibles. Cet univers en déferlante est fait d'imagination et de disponibilité. Nous voici tenus dans le vague ou dans la vague elle-même. Océanique, cet univers en mouvement nous raconte une urgence qui emporte tout dans son élan.

Note 5. *Trame*. À la base de cette série récente ainsi intitulée, un autre geste élémentaire pourrait être poussé à son paroxysme : celui de creuser, de graver. Par cette pratique extrême du gaufrage, la fragilité du papier est mise à l'épreuve. Les fibres du papier d'Arches reçoivent une forte pression au jet de sable. Des tracés nervurés en résultent, excavant en la perturbant la surface jusqu'au cœur du papier-matière.

Les propriétés des matériaux sont mises à l'épreuve. La feuille creusée semble être le résiduel d'une lutte. Des entailles ont ouvert la fibre. Un souffle après a calmé l'ardeur. L'accident a fait place à son constat, à l'étirement d'un temps suspendu. Dans cet esthétisme du canal et de la tranchée, du flot, de la trace et du stigmate, du geste nourri de glissements, de troués, de prolongements, des trajets en forme d'épilogues fragiles articulent ainsi des états contradictoires. Les jeux du jet qui forcent le papier, du trait qui les griffe, qui le marque et le balafre avant de recevoir la caresse du pinceau permettent de réintroduire d'autres niveaux d'expansion. Le dessin est en extension. Les marques de l'effort et de la pression se mêlent à l'intimité des tracés sur la page blanche. Ces indices se présentent comme des hypothèses de narration.

Note 6. Étrange et mystérieuse aussi est cette fascination du peintre pour les cigales. La part de l'insecte ici nous est rendue sans mimétisme tandis que les reflets métalliques de sa carapace ou la translucidité de ses ailes nous ramènent aux glacis, aux effets de transparence. Si parfois le réseau des nervures inspire les entrelacements de ses œuvres plus graphiques au jet de sable, il devient aussi le point de départ de ses peintures les plus récentes.

Les cigales. L'artiste est fasciné par ces bestioles. Françoise Issaly collectionne les exuvies qui témoignent de leurs métamorphoses. Ces exosquelettes sont comme des vieilles peaux abandonnées en chemin tandis que la nymphe après être sortie de terre entreprend sa vie aérienne.

La mue des cigales couronne ainsi un cycle de vie fait de transmutations. Le chant strident du mâle attire la femelle lors de la saison de reproduction. Les œufs sont déposés sur l'écorce d'arbres ou d'arbustes. Les larves écloses se laissent tomber au sol. Certaines peuvent vivre jusqu'à dix-sept ans dans la terre. Sortant du sol, la nymphe entreprend sa dernière mue en se séparant de son enveloppe cuticale.

L'éphémère et la pérennité. Pas étonnant que la cigale apparaît comme un signe de permanence et de mutation.

Note 7. Déplacement et glissement. Des racines et des ailes. Françoise Issaly est montréalaise. Elle est aussi française du sud de l'Hexagone. D'emblée, il faut poser la question. Peuplés de fragments de cigales, ses peintures ne renvoient-elles pas, sous nos latitudes boréales à une forme d'appartenance pour l'artiste? S'agit-il de « racines » qu'elle retrace? On peut associer cette référence à une forme de migration si tant soit peu l'histoire tient la route. Mais pourquoi faut-il remonter à tout prix à un autre passé pour trouver le «code» de ces signes tracés ou livrer une clef de lecture qui ne cesse de se défiler ? Refusant toute réduction, l'observateur doit se laisser guider par l'ampleur et la richesse des évocations dont témoignent ces œuvres. Il lui faut se coltiner à leurs élans, capturer dans leur ferveur poétique «l'ici et maintenant » qui empêche de figer le paysage de l'enfance dans une essence intemporelle. S'il faut se rallier à certains signes identitaires, mieux vaut les vivre sans un objectivisme qui risque de mener au contresens pour identifier et articuler ces éléments en échappant à toute évidence déductive. La présence confuse du souvenir, avec ses sensations, ses odeurs, ses crépitement sonores issues du chant de la nature sont ici réveillées. S'y ajoutent une force incantatoire et une puissance d'évocation qui ne se laissent pas harnacher si facilement tandis qu'elles se libèrent de la mémoire.

Ces rappels, ces sensations, les œuvres tentent de les débusquer et les retrouver dans leur essence en les laissant comme en suspens tandis qu'elles s'éprouvent au niveau de la conscience de leur jaillissement.

Note 8: À travers les distances qu'elle transporte, ses détours, ses déplacements, cette peinture mouvante traverse autant de souvenirs qu'elle fixe de nouveaux repères. Elle opère par imitation et par transformation. Les ailes nous renvoient à ce qui est à la fois proche et lointain. Anéantissant certains clichés, elles nous révèlent que les sentiments de nostalgie qui pourraient y être associés ne sont qu'illusions.

Dans ces allers et retours, la boucle assume une perte et une découverte, une double appartenance. Ici, récit autobiographique et quête identitaire se conjuguent à la création tout comme se fusionnent les notions de nature et de culture. Pour le peintre, il ne s'agit pas tant de sublimer une différence mais bien d'opérer au cœur du court-circuit entre ici et là-bas, entre passé et présent.

Migration. Vous avez dit migration?

René Viau est journaliste et critique d'art depuis 1976. Il a collaboré à de nombreuses publications et à plusieurs quotidiens en France et au Québec. Il est l'auteur de plusieurs ouvrages sur des artistes québécois. Il vient de signer un texte sur les automatistes québécois pour le catalogue de l'exposition L'Art en Guerre (France 1937-1947) au Musée d'Art Moderne de la ville de Paris du 12 octobre 2012 au 17 février 2013.

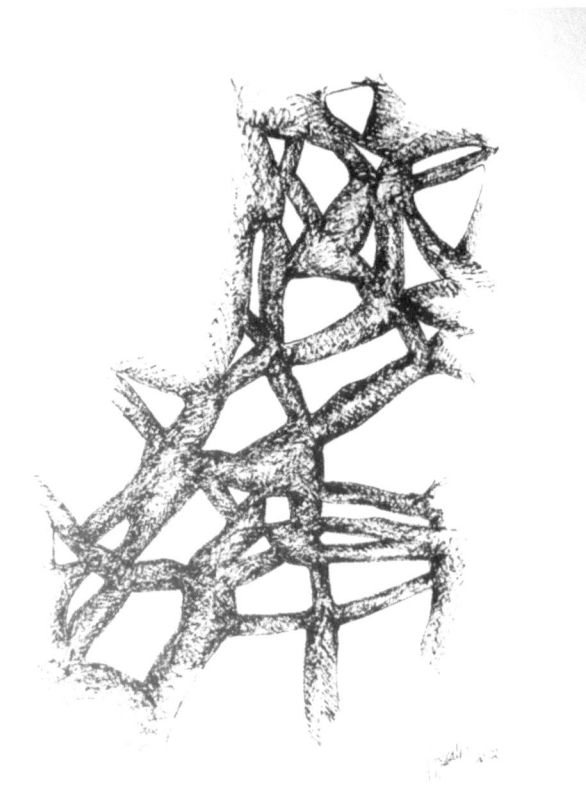

STRUCTURE - CIGALE
Œuvres

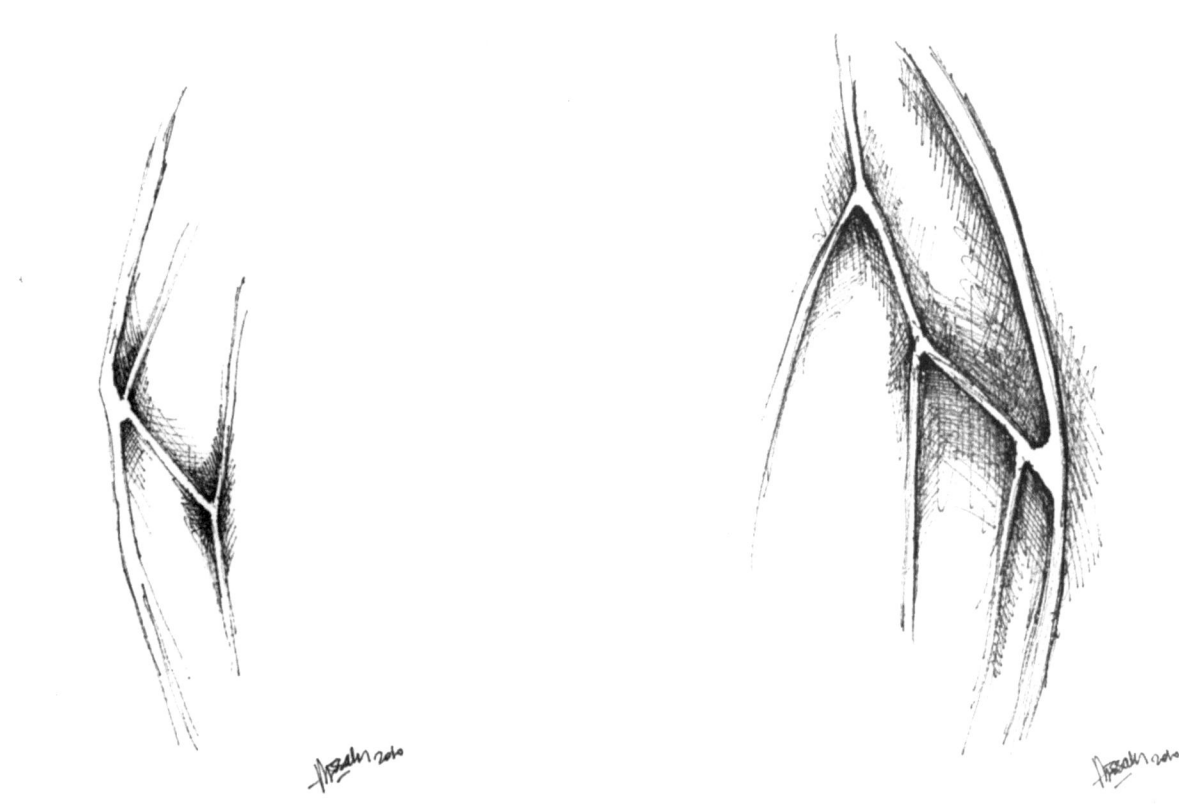

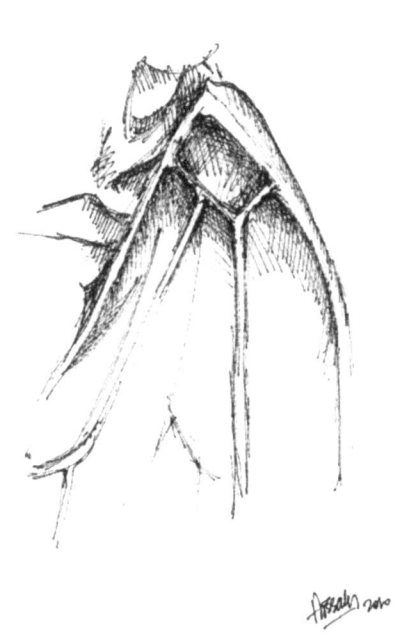

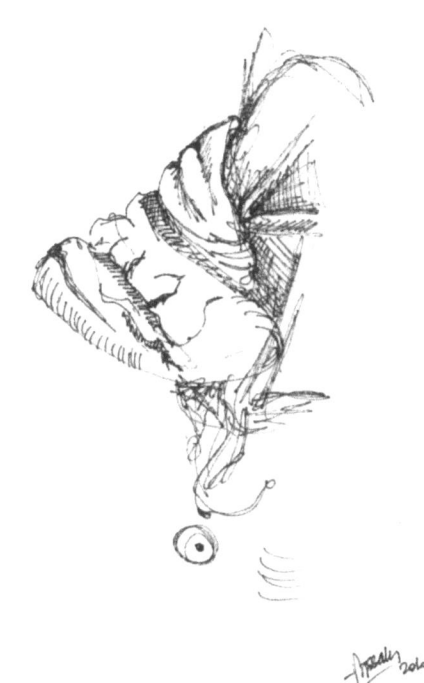

11

Structure - Cigale III
Acrylique sur toile
12 x 24 po. (30 x 60 cm)
2011

Structure - Cigale IV
Acrylique sur toile
12 x 24 po. (30 x 60 cm)
2011

Structure - Cigale V
Acrylique sur toile
12 x 24 po. (30 x 60 cm)
2011

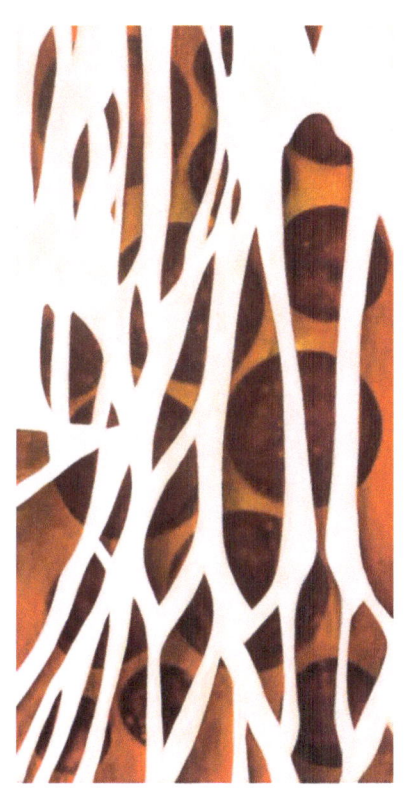
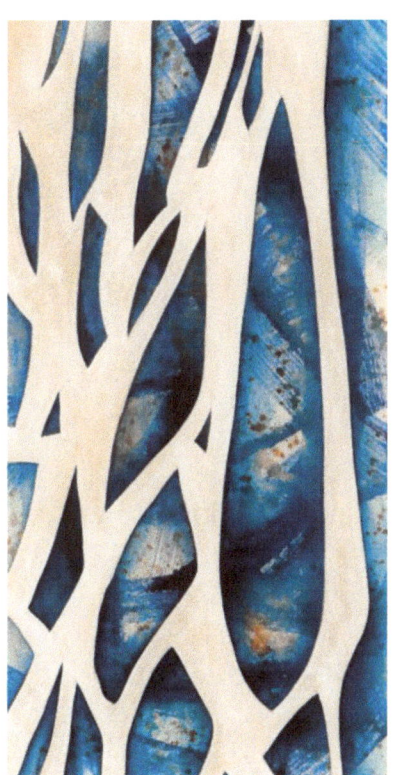
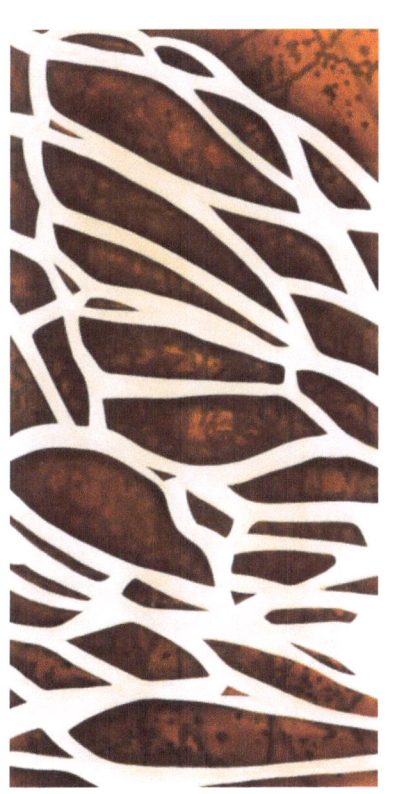

13

Structure - Cigale VI
Acrylique sur toile
12 x 48 po. (30 x 120 cm)
2011 (Collection privée)

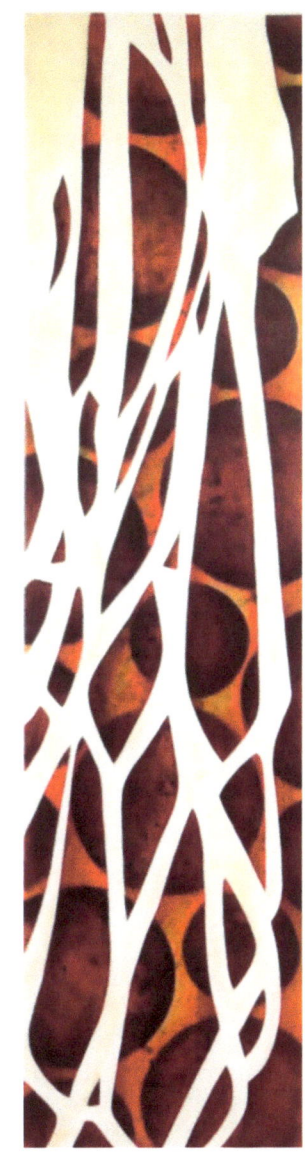

15

Structure - Cigale Tondo I
Acrylique sur toile
20 po. (50 cm)
2011

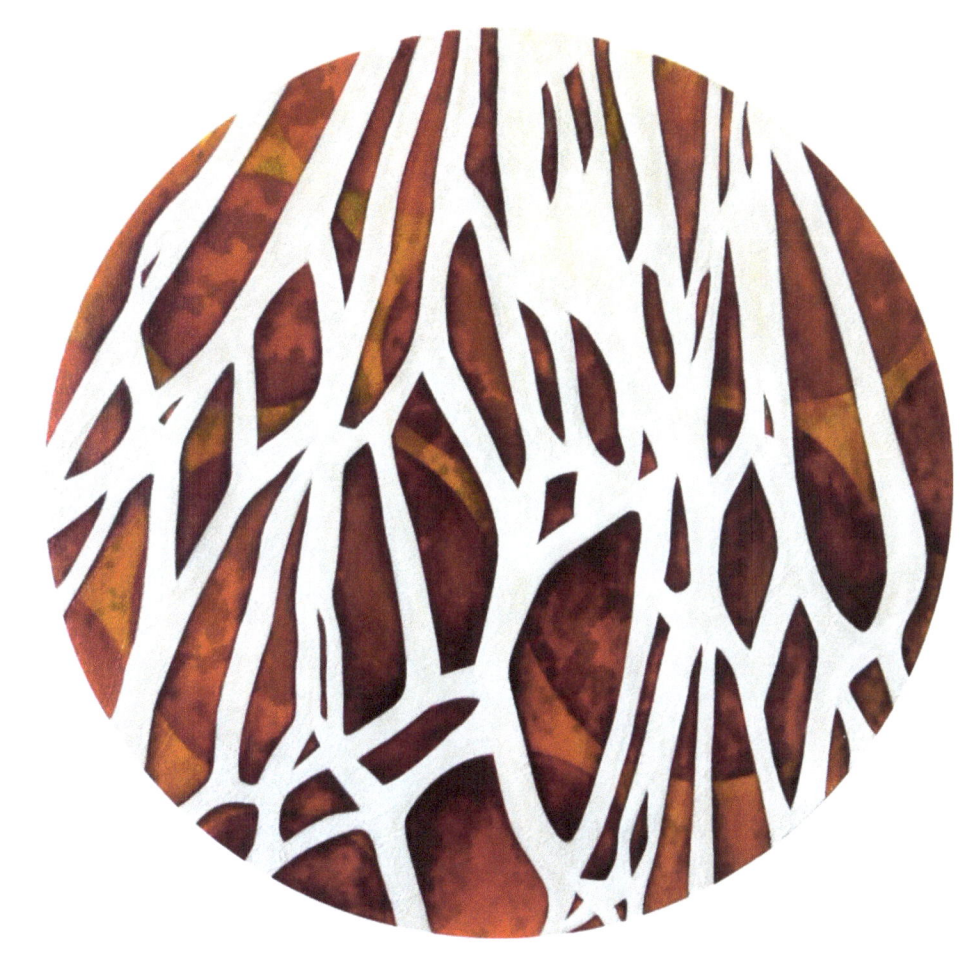

Structure - Cigale VII
Acrylique sur toile
36 x 48 po. (90 x 120 cm)
2011

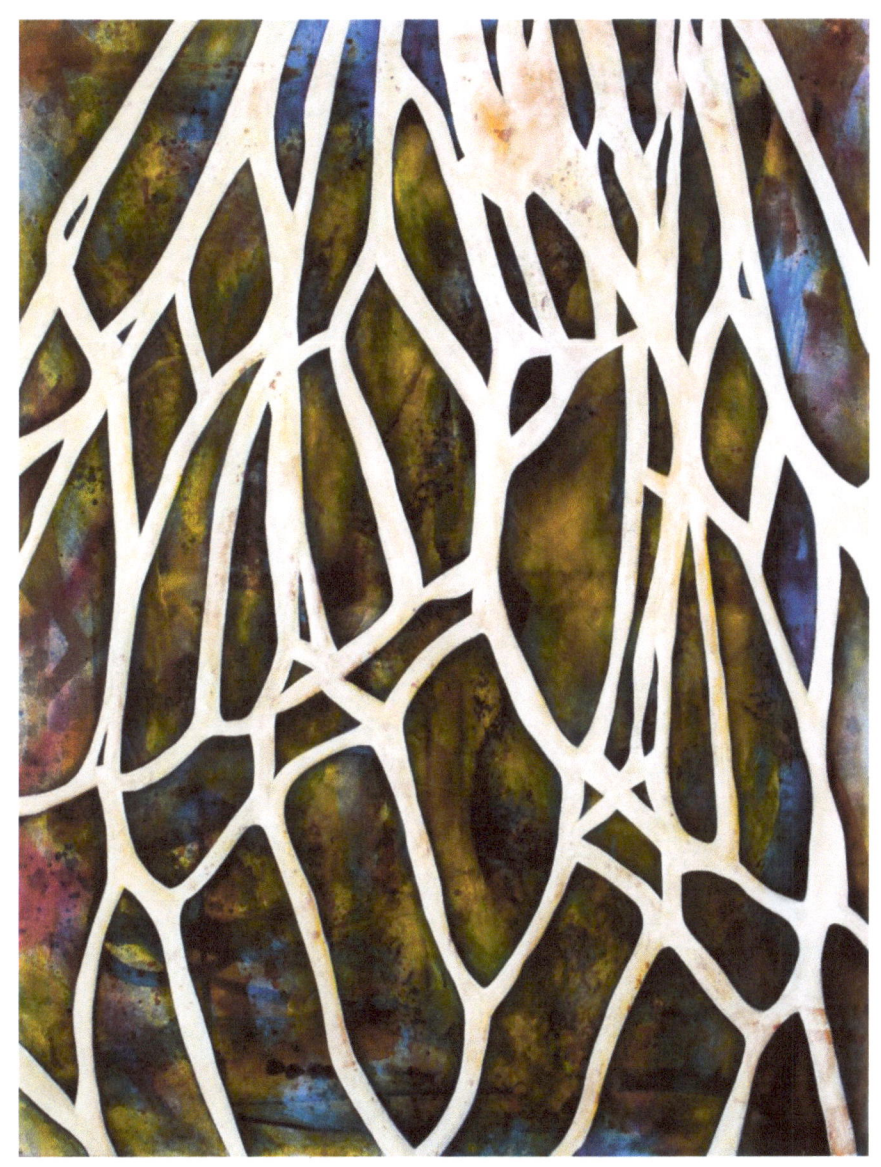

Structure - Cigale VIII
Acrylique sur toile
30 x 48 po. (75 x 120 cm)
2011

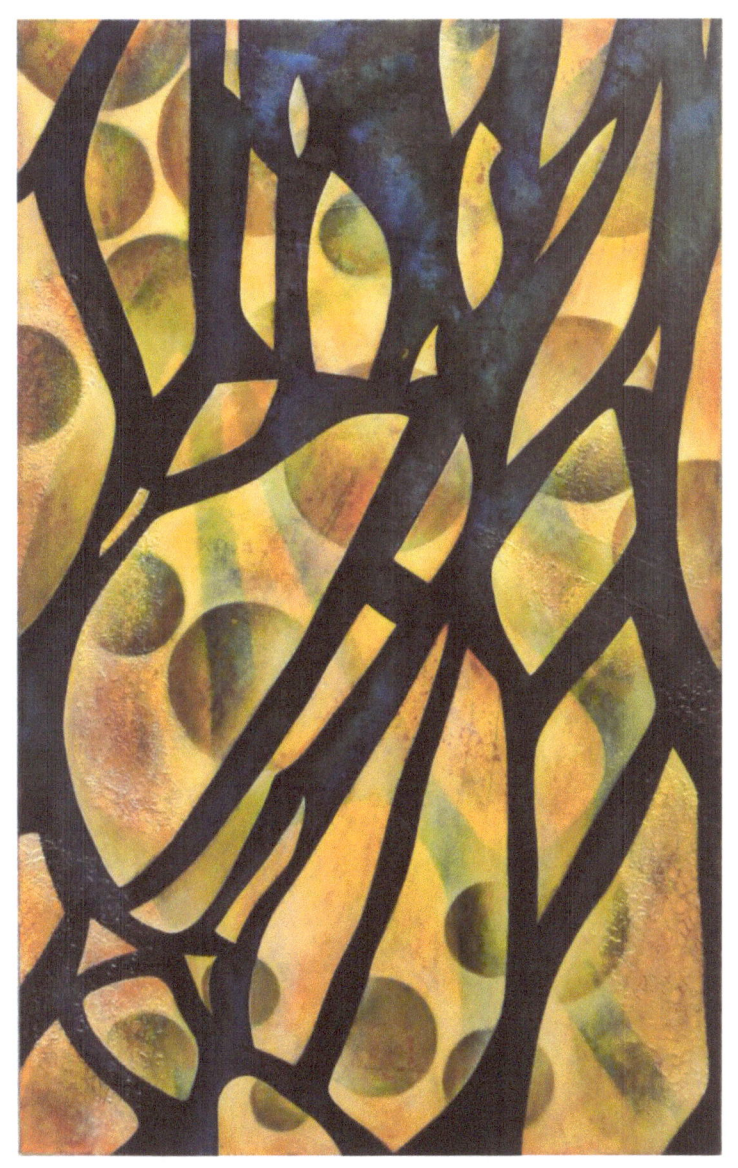

Structure - Cigale IX
Acrylique sur toile
30 x 48 po. (75 x 120 cm)
2011

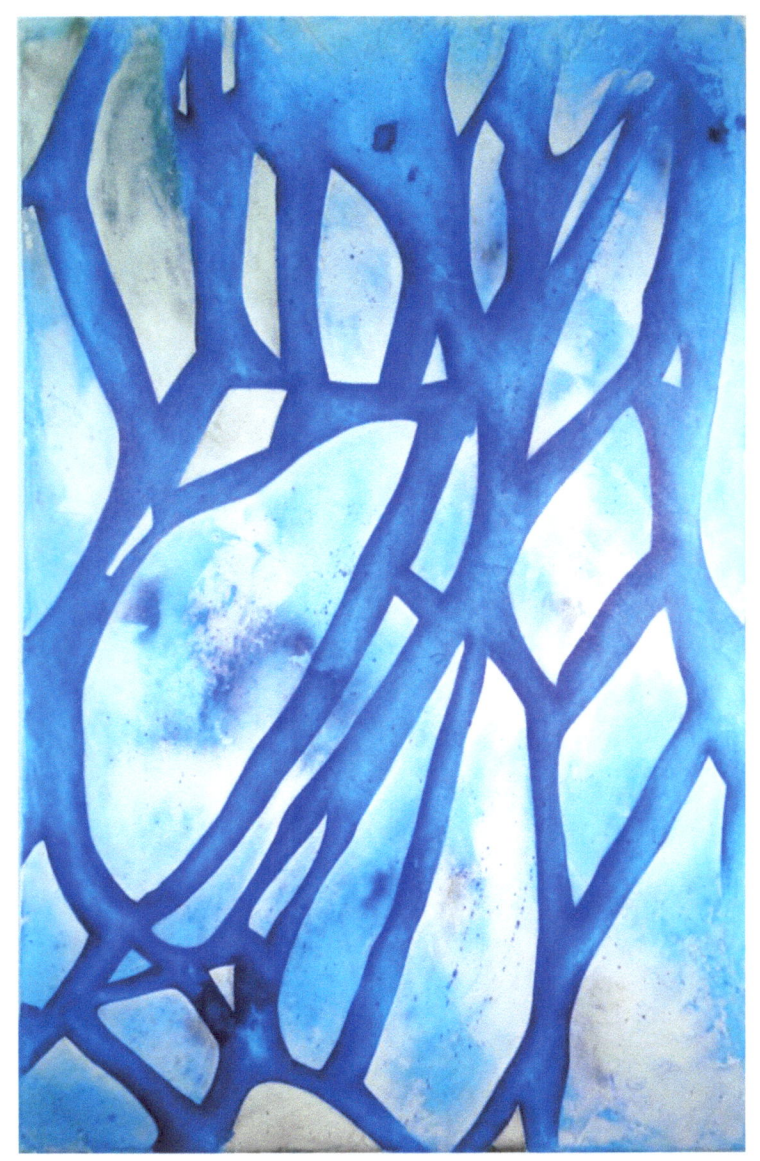

23

Structure - Cigale X
Acrylique sur toile
24 x 48 po. (60 x 120 cm)
2011 (Collection privée)

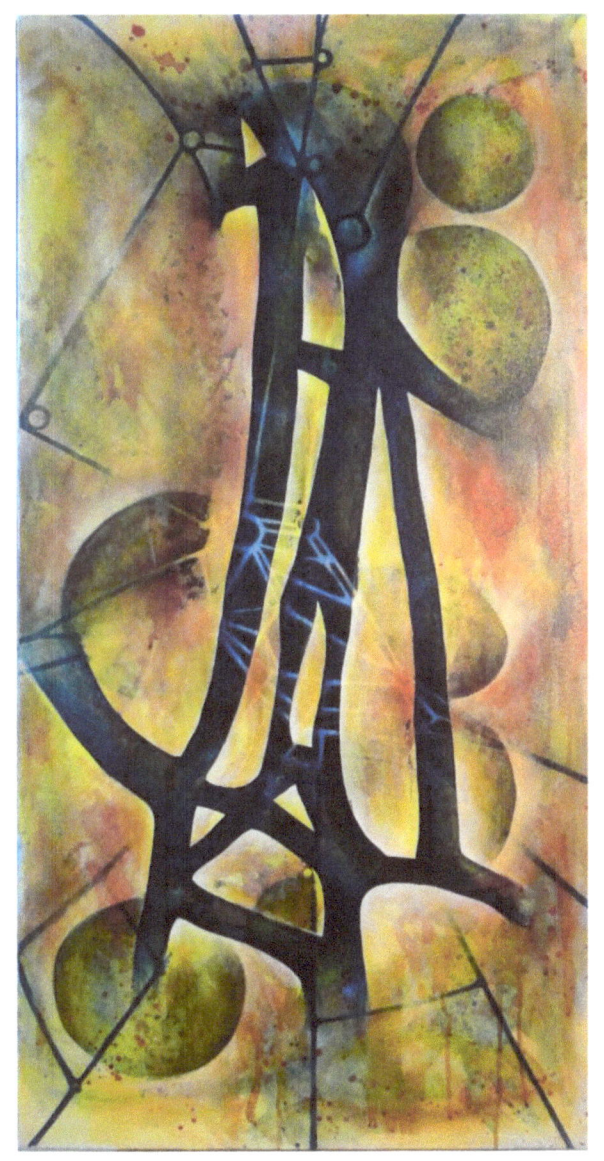

25

Structure - Cigale XII
Acrylique sur toile
36 x 48 po. (90 x 120 cm)
2011

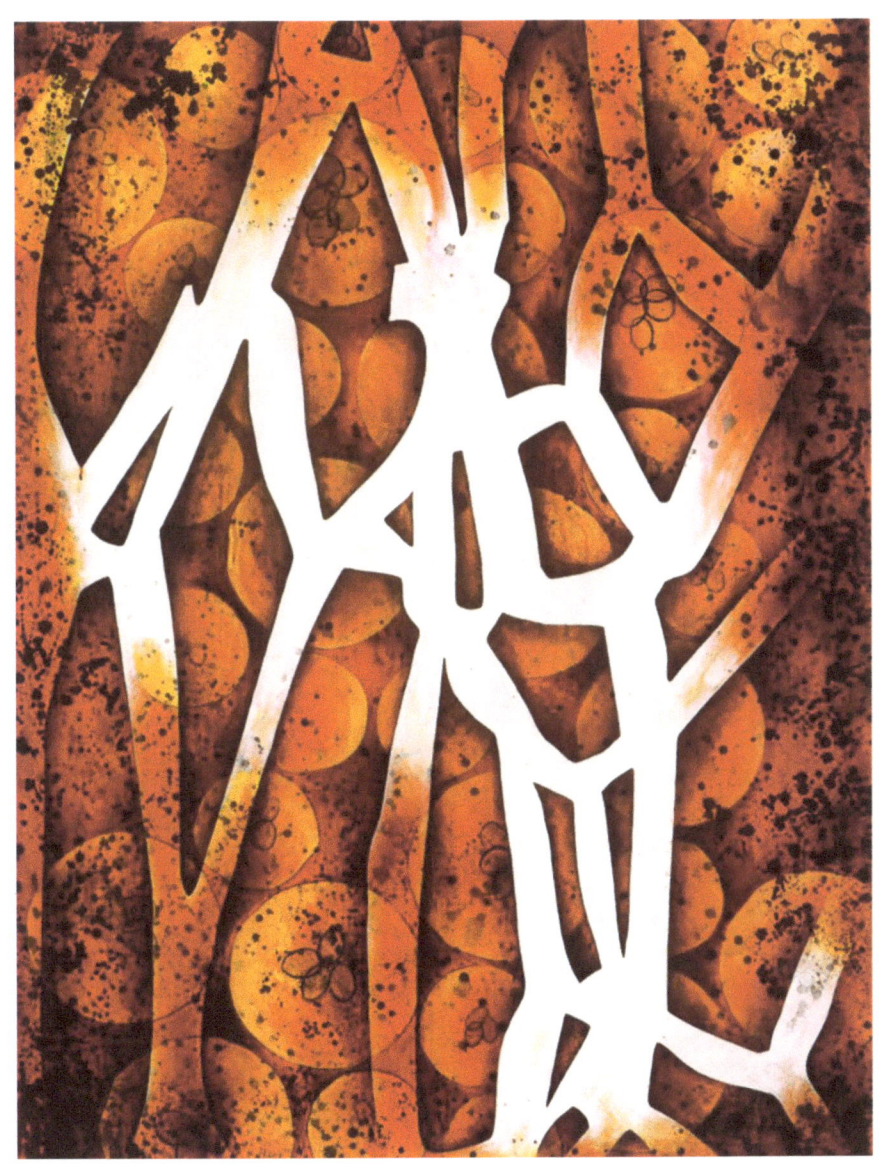

Structure - Cigale Bleue
Acrylique sur toile
12 x 12 po. (30 x 30 cm)
2011

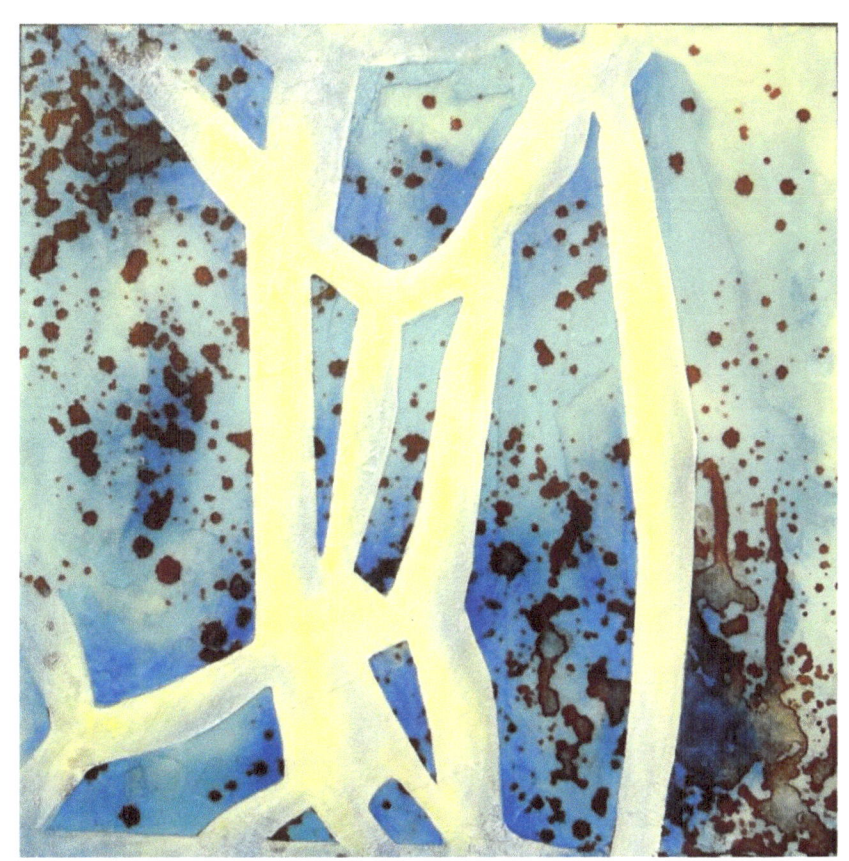

29

Structure - Cigale XIII
Acrylique sur toile
12 x 16 po. (30 x 40 cm)
2012

Structure - Cigale XIV
Acrylique sur toile
12 x 16 po. (30 x 40 cm)
2012

Structure - Cigale XV
Acrylique sur toile
12 x 16 po. (30 x 40 cm)
2012

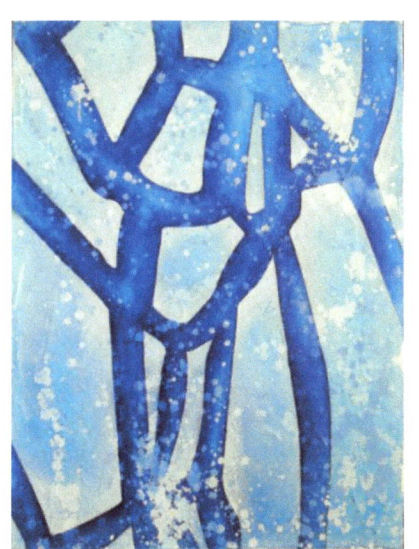 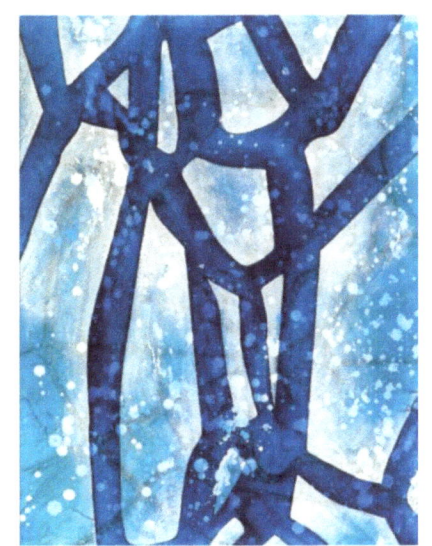 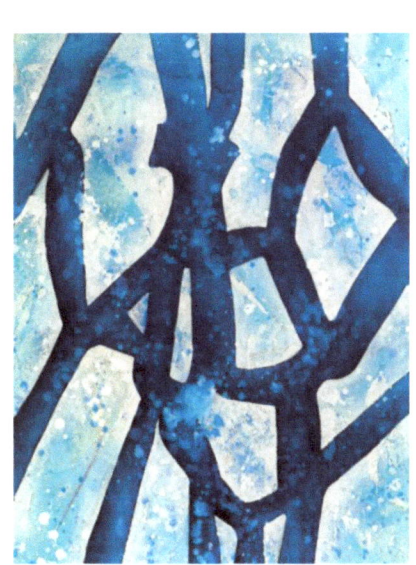

Structure - Cigale XVI
Acrylique sur toile
12 x 48 po. (30 x 120 cm)
2012

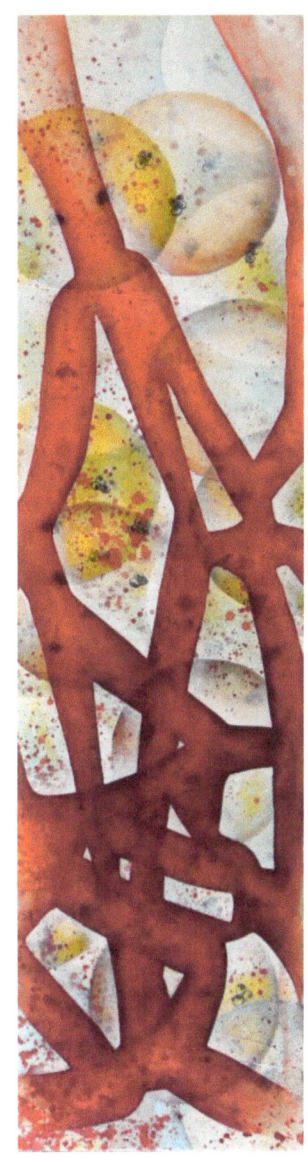

33

Structure - Cigale XVII
Acrylique sur toile
12 x 48 po. (30 x 120 cm)
2012

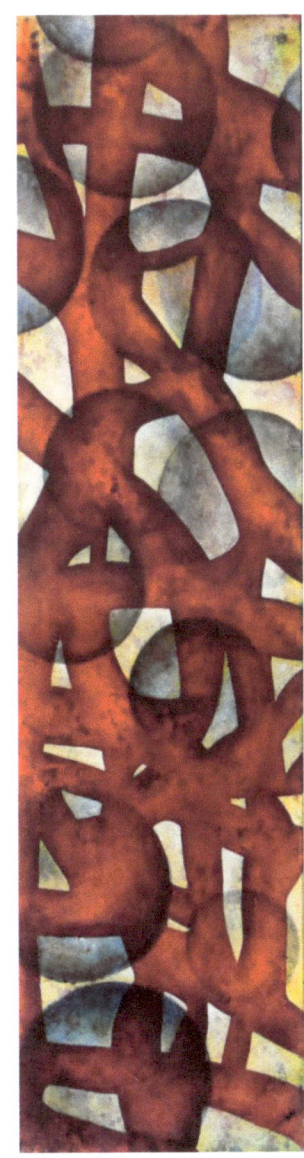

35

Structure - Cigale XVIII
Acrylique sur toile
12 x 48 po. (30 x 120 cm)
2012

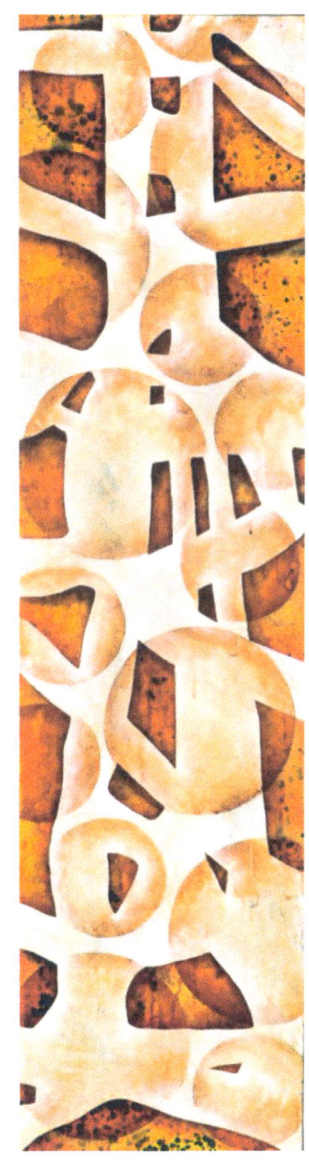

37

Structure - Cigale XIX
Acrylique sur toile
48 x 48 po. (120 x 120 cm)
2012

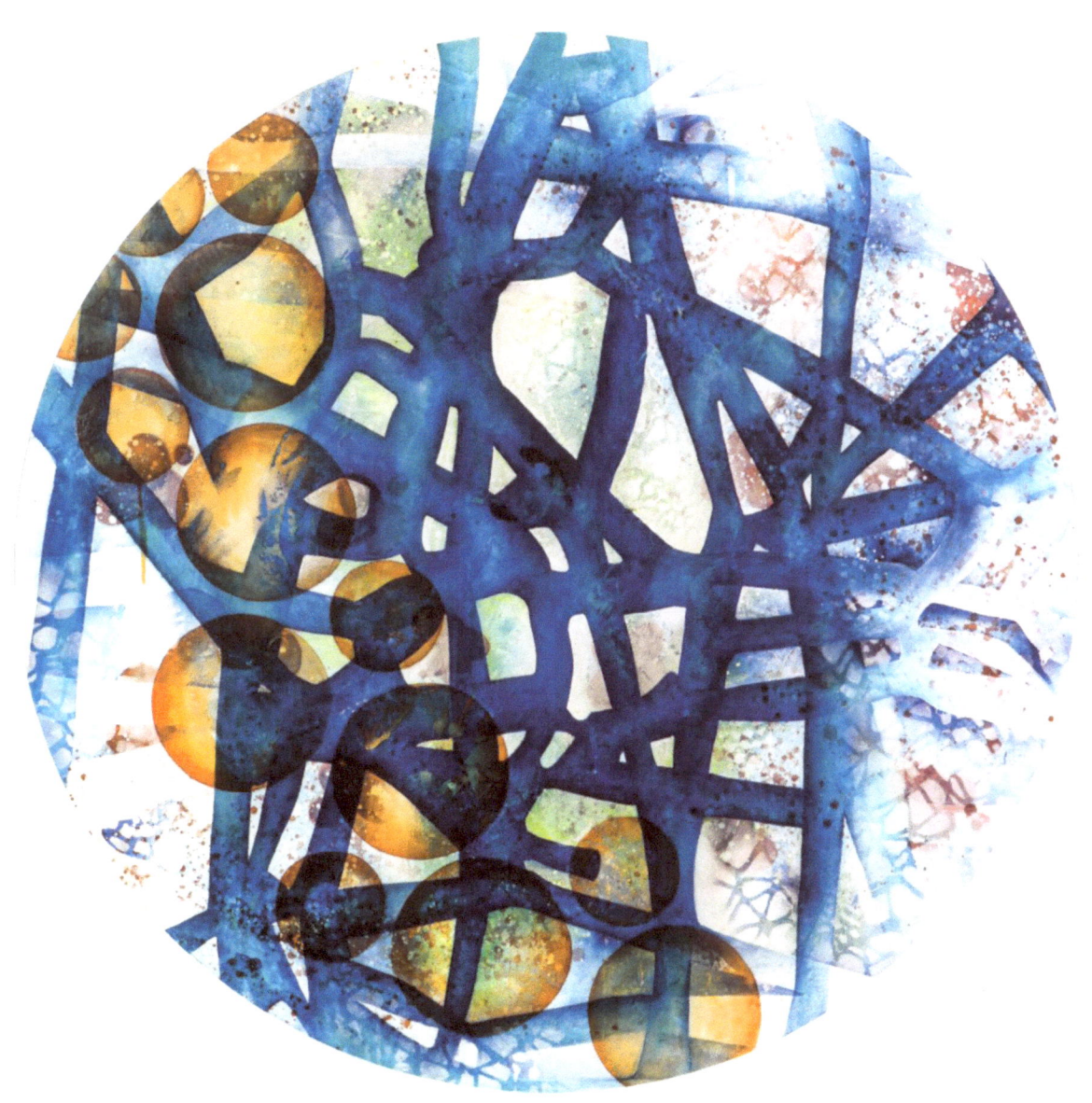

39

Structure - Cigale XX
Acrylique sur toile
48 x 72 po. (120 x 180 cm)
2012

40

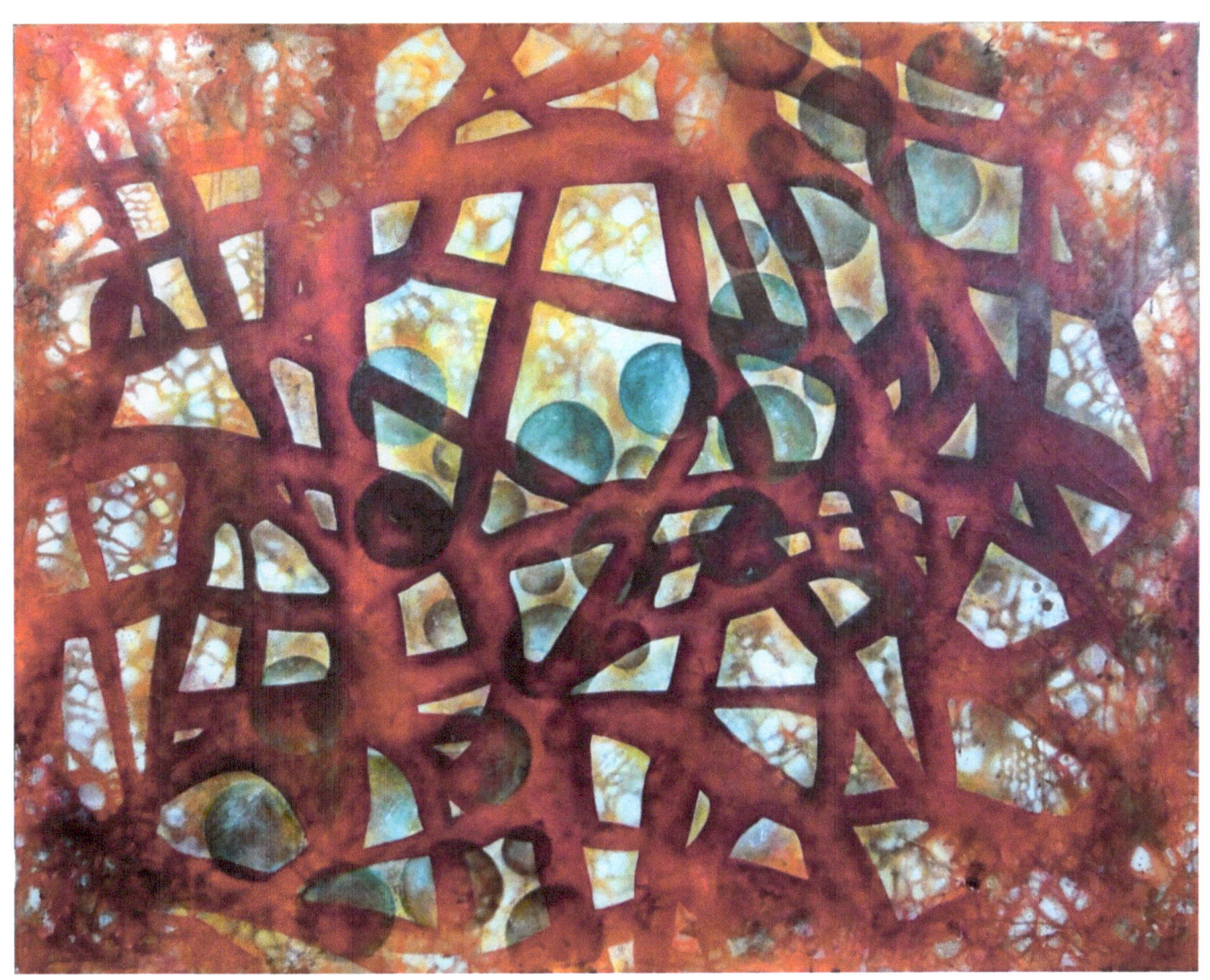

41

Structure - Cigale XXI
Acrylique sur toile
18 x 48 po. (45 x 120 cm)
2012

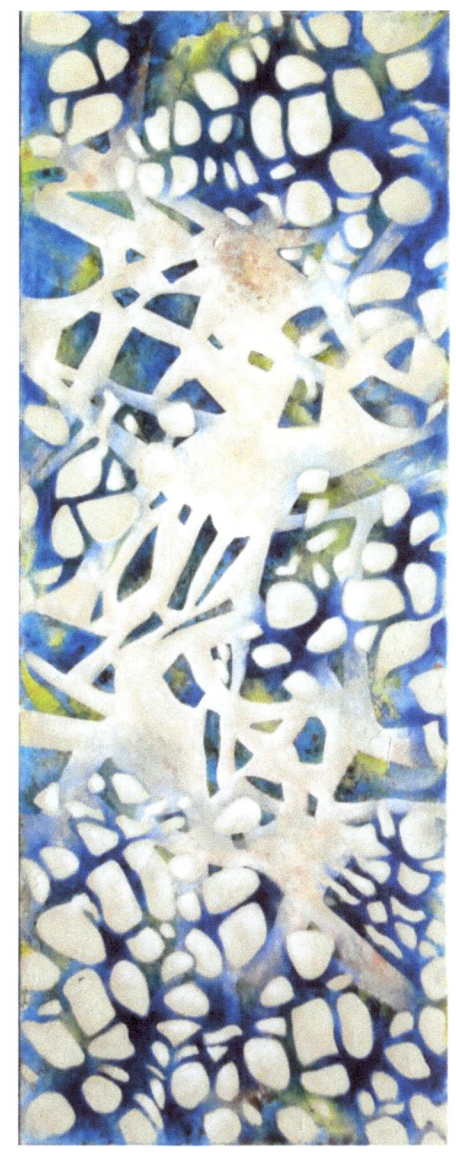

43

Structure - Cigale XXII
Acrylique sur toile
18 x 48 po. (45 x 120 cm)
2012

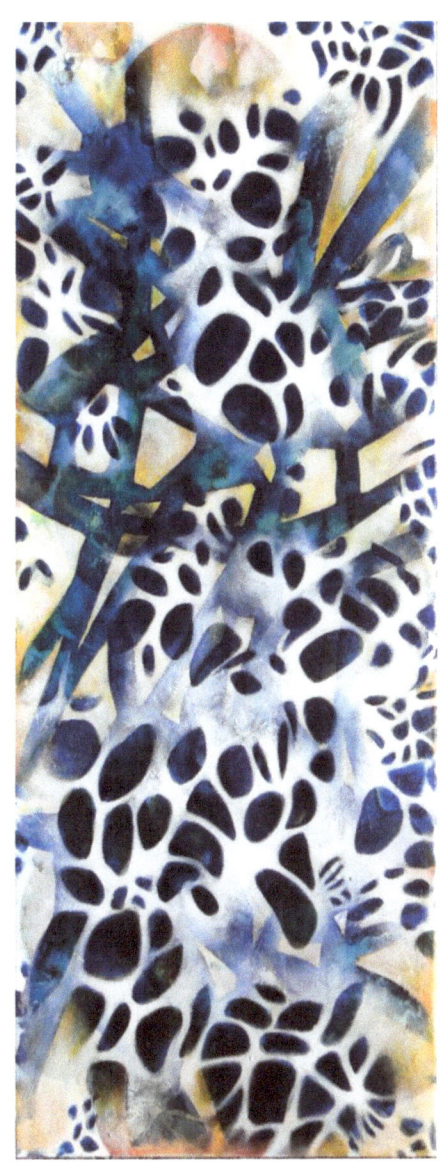

45

Structure - Cigale XXIII
Acrylique sur toile
24 x 48 po. (60 x 120 cm)
2012

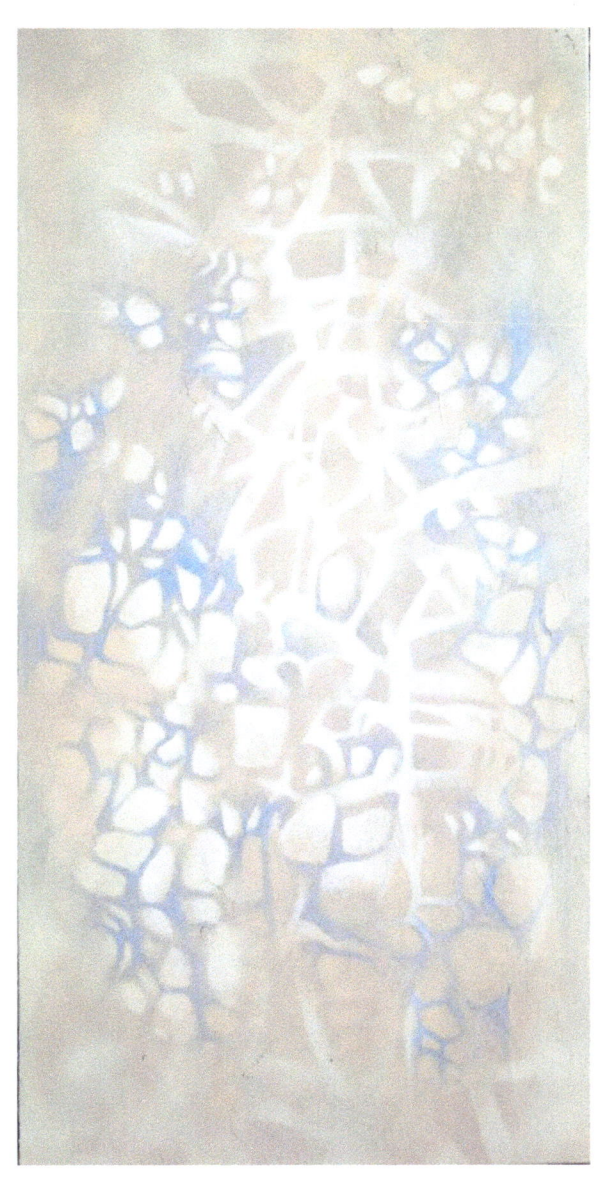

47

Structure - Cigale XXIV
Acrylique sur toile
10 x 48 po. (25 x 120 cm)
2012

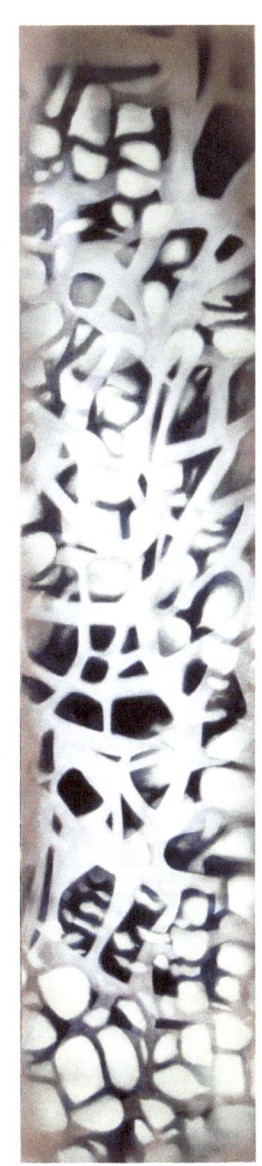

49

Structure - Cigale XXV
Acrylique sur toile
10 x 48 po. (25 x 120 cm)
2012

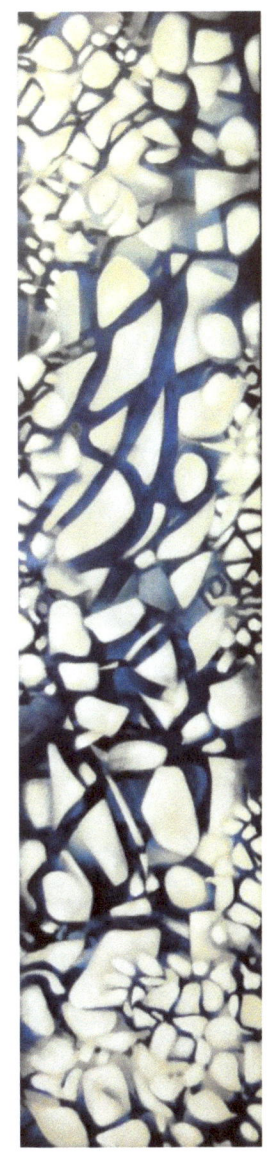

51

Françoise ISSALY

**D'UNE RIVE A L'AUTRE :
L'ESPACE AU CŒUR, L'ESPACE ÉLÉGANT !**

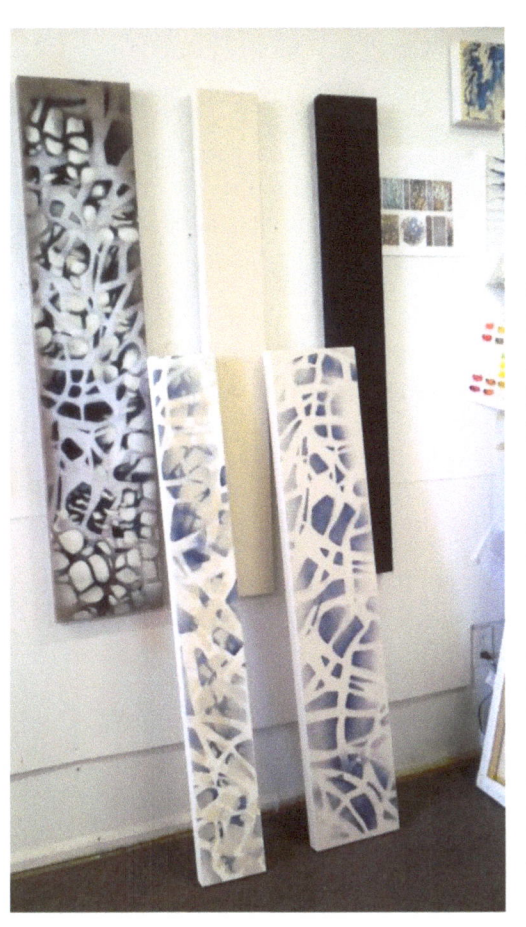

Artiste-migratrice française, Françoise Issaly a fait de Montréal son port d'attache. Dans son atelier situé au Complexe du Canal Lachine, elle prépare ses prochaines expositions ; Panorama de son art, de ses recherches, de son souffle, de sa création.

« *L'errant de la modernité tardive, le nomade intellectuel [...] est engagé, en dehors du contexte sophistiqué ou vulgaire de la modernité finissante, dans une aire aux coordonnées complexes. En suivant les pistes du nomadisme intellectuel, il essaie de sortir de l'histoire pathologique, pour ouvrir un espace existentiel, intellectuel, culturel, plus frais, plus stimulant, plus inspirant.*

[...]
Je pense, par exemple, à Heidegger, sur ses " chemins qui ne mènent nulle part ".

" L'étranger, écrit Heidegger, pérégrine en avant. Mais il n'erre pas, dénué de toute destination, désemparé, de par le monde. La quête de l'étranger marche à l'approche du site où il pourra trouver demeure."

[...]
À cette région, on peut donner beaucoup de noms, mais l'essentiel n'est pas le nom, une quelconque substantivation de l'essence ; l'essentiel, c'est le cheminement. [i] »

Tandis que nous nous apprêtons à décoller du parking de l'ancienne usine de matelas située aux bords du Canal Lachine[ii], au sein de laquelle Françoise partage son atelier, l'artiste-peintre me rappelle, manœuvrant sa voiture, que les deux idéogrammes mandarins *wài qiáo* qu'elle s'est fait tatouer juste sous la bretelle signifient en chinois *celui qui vit ici mais n'est pas d'ici,* soit *l'étrangère.*

Nous voici donc embarquées dans sa petite voiture, celle avec laquelle elle a traversé en 2005 les différents états américains depuis la Californie (Etats-Unis) jusqu'au Québec (Canada), prenant en photo à chaque étape de la route *Les Migrateurs*, artefacts étranges qui ont fait l'objet tout récemment d'une exposition au sein de la Galerie Wilder & Davis à Montréal, au Canada[iii]. Je suis la passagère de Françoise Issaly, artiste-peintre écrivain et migratrice, d'une rive à l'autre, au volant.

« QUE RESTE-T-IL ? »

Françoise Issaly n'a eu de cesse d'expérimenter le Passage afin de répondre à cette question : « *Que reste-t-il ?* »

En effet *que reste-t-il* quand la personne dont vous avez pris l'habitude de tenir la main pour lui transférer toute votre force d'enfant — « Maman ! » — se détache, s'en va ? *Que reste-t-il* donc à l'enfant « illégitime » devenue à présent « orpheline » de sa mère ?

Françoise Issaly, poussée par l'envie de se défaire du poids des étiquettes sociales et du moindre héritage la stigmatisant davantage, se met en tête de se trouver soi, dans une fuite « en avant » remplie de découvertes ! Elle quitte alors la rive la plus intime, celle de son pays natal, pour devenir elle-même Migratrice, armée de son stylo, de ses pinceaux et de son opinel noir de l'armée suisse comme seuls instruments lui permettant d'entailler ou de caresser l'Inconnu vers lequel elle roule, vole, marche, s'avance.

Dans le livre qu'elle a elle-même édité en 2010, *Les Migrateurs*, elle questionne :

« *(...) Est-ce que j'ai fui ? Je ne crois pas avoir fui. Je crois que je suis partie afin d'avoir une chance d'être. Parce que d'une certaine manière, je ne me sentais pas capable d'être en restant là-bas[iv].*»

LE VOYAGE INITIATIQUE : LE CARNET DE VOYAGE POUR ABRI DE FORTUNE

Note du 30 septembre 1993:

« *Je vais, je viens à travers le monde et voilà. J'ai en moi le paradoxe d'être humaine avant tout, et donc de ne me sentir qu'étrangère dans tout cela.* [v] »

À 24 ans, *Françoise Issaly*, alors inscrite en Doctorat en Communication, Arts et Spectacles à l'Université de Bordeaux, bondit par-dessus même l'Océan battant de ses vagues la ville portuaire et arrive pour la première fois à Montréal, au Québec. Sa mère décède hélas en France trois années plus tard, tandis qu'elle vit de l'autre côté de la rive.

Françoise, ébranlée, cherche mieux encore « à prendre le large » : pour ses 28 ans, elle case ses affaires dans un entrepôt, réduit le nécessaire à vingt-cinq kilos, et tout simplement, s'en va. Elle ricoche alors entre l'Angleterre, l'Écosse, la France et l'Espagne puis aspirant secrètement depuis toute petite à découvrir la Chine, s'apprête à s'y rendre quand un concours de circonstance lui fait revoir ses plans et la dirige en direction de Bombay, au sein de l'initiatique Inde. Dans ce pays mystique, elle fait l'expérience forte de la synchronicité : juste avant son départ, tandis qu'elle cherche un souvenir à rapporter dans ses bagages, une vieille tibétaine troublée la prend pour une indienne et lui indique en insistant une affiche concernant un séminaire à venir. Le Dalaï Lama parlera en effet à New Delhi à ses initiés ! Françoise, déjà à cette époque engagée sur la voie du bouddhisme, arrive à changer de manière rocambolesque son billet d'avion et à se joindre à cette rencontre. Forte de cette expérience, elle fait une retraite bouddhiste en Angleterre, avant de s'en retourner à Montréal. Par le jeu des rencontres — puisque les rencontres créent les trajets de la vie de Françoise — elle s'installe ensuite en Californie (États-Unis) pour y vivre quelques temps. Elle revient à Montréal en 2005, fait un dernier petit séjour en France, puis décide définitivement de faire de l'île de Montréal le port d'attache des pérégrinations de sa vie.

Durant tous ses voyages, elle écrit, croque, esquisse, échantillonne. Son carnet de voyage est devenu son abri de fortune :

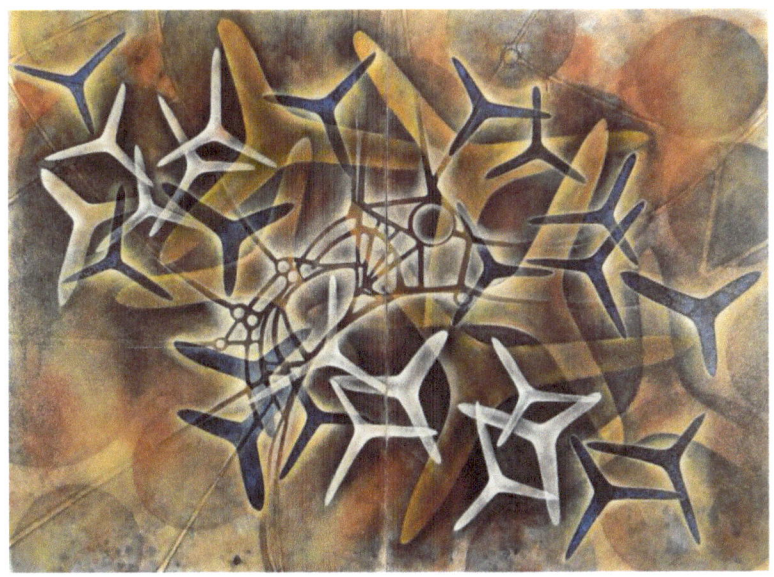

« *30 septembre 1997, Londres, Tube, les rues et puis tout le reste. La fatigue et Elton John qui chante Lady-Di. Le thé qui devient noir comme du café. Plusieurs semaines loin d'ici et me revoilà devenue une étrangère.*[vi] »

Elle se questionne, interroge au gré des passages la notion de visualité, en venant à cultiver le regard jusqu'à gagner une vision que l'on pourrait qualifier de « stratigraphique » : elle scrute l'espace, le fore par plans successifs comme le géologue extrait verticalement du dessous de ses pieds une carotte glaciaire contenant les couches de glace compressées par le temps.

En découle l'emploi d'une technique traditionnelle en peinture, celle des glacis, pour reproduire la mécanique visuelle selon une succession de filtres. Elle y sème cependant, entre les « voiles », des graines de Mystère, juxtaposant la représentation de formes seulement visibles au microscope (les triaxons des éponges sous-marines) à celle du motif scientifique de la Julia, « s'imprimant » inexplicablement, si l'on peut le qualifier ainsi, selon des dimensions monumentales, dans les champs anglais en quelques secondes seulement : les surnaturels agroglyphes à l'intrigue non résolue.

L'artiste nous amène en effet à dépasser la simple mécanique du regard pour nous intéresser à son mystère phénoménologique, poursuivant donc réellement qu'une seule fuite : celle des apparences.

« Plus que de chercher à déstabiliser le spectateur, je questionne le pouvoir de l'esprit et les raccourcis que celui-ci peut prendre afin de résoudre un problème ou une énigme.[vii] »

L'ESPRIT MIS À L'ÉPREUVE

Françoise Issaly migre donc incessamment afin de mettre en péril ses certitudes : géographiquement comme « géopoétiquement[viii] ». Elle est à la fois ici, là et là-bas et encore ailleurs. Elle est partout et nulle part en même temps : comme si elle glissait au sein d'une réalité aux mille-seuils ! Elle forge, au gré des glissements, son « passe-partout ».

Dans cette traversée, il faut bien pouvoir la suivre. Et pour pouvoir la suivre il faut savoir se déplacer comme elle : en volant, en sautillant de point en point selon des lignes de fuite et raccourcis étonnants. Françoise semble éveillée à une dimension où les points de vue se démultiplient instantanément. Elle a développé, avec le temps et l'expérience, cette faculté visuelle lui permettant de faire exploser les arrêtes afin de désarticuler toute boîte, la ramenant à son espace essentiel : l'espace, pourrions-nous dire, « déboîté »... Dans le processus d'exposition choisi pour sa série des *Configurations*, elle soustrait d'ailleurs littéralement certaines parties de l'œuvre pour laisser place à l'espace nu, du « vide » clignotant dans la composition d'ensemble comme pour nous conduire sur une toute autre piste.

« En effet, dans mes œuvres les plus récentes nous pouvons voir comment en dépit de parties manquantes l'esprit re-crée la forme suggérée ; de mémoire il remplit les blancs, alors que tout autre chose pourrait se passer dans les espaces vides. Ailleurs, [...], l'esprit est là aussi mis à l'épreuve, mais cette fois les lignes ne se suivent

pas forcément d'un fragment à l'autre et cela crée un inconfort, un déséquilibre qui laisse comme suspendu dans un espace intermédiaire ; sans réponse.[ix] »

Cet espace, elle l'a gagné. Et l'offre à voir. Au-delà donc de la reconstitution rassurante que l'on peut faire. Au-delà de nos illusions, de nos mensonges. Ce qui est à voir ici est bel et bien le vide, celui de l'espace, originel.

« [...] franchir la ligne, [...] passer par des zones de turbulences et [...] entrer dans un espace non répertorié. Par rapport au psycho-sociologisme épais, il s'agit d'opérer un passage complexe entre diverses formes d'identité, entre divers types d'écriture. En dernier lieu s'ouvre un vide, mais un vide rempli de murmures, de lumière, de coups d'ailes et la sensation aiguë dans la conscience du voyageur [...] d'être confronté au poétique profond, c'est-à-dire à l'impensé, à ce qui fait irruption dans la réalité et la renouvelle.[x] ».

MIGRATRICE ACCOMPLIE

Avant de gagner cette aire ultime, il a fallu apprendre à se perdre, tenir le cap dans l'expérience d'une dérive voulue, endurée, conscientisée:

« (...) Je suis prise au piège du mouvement. Je n'ai pas le choix. Je ne peux rien faire d'autre que de perpétuer ce mouvement jusqu'à sa conclusion. Sorte de pendule de Foucault vivant. J'oscille sans cesse. Telle est ma destiné désormais. Et le malaise n'existe que dans l'arrêt. Dans la ré-appartenance au système... quelquepart, c'est aussi de cela qu'il s'agit.[xi] »

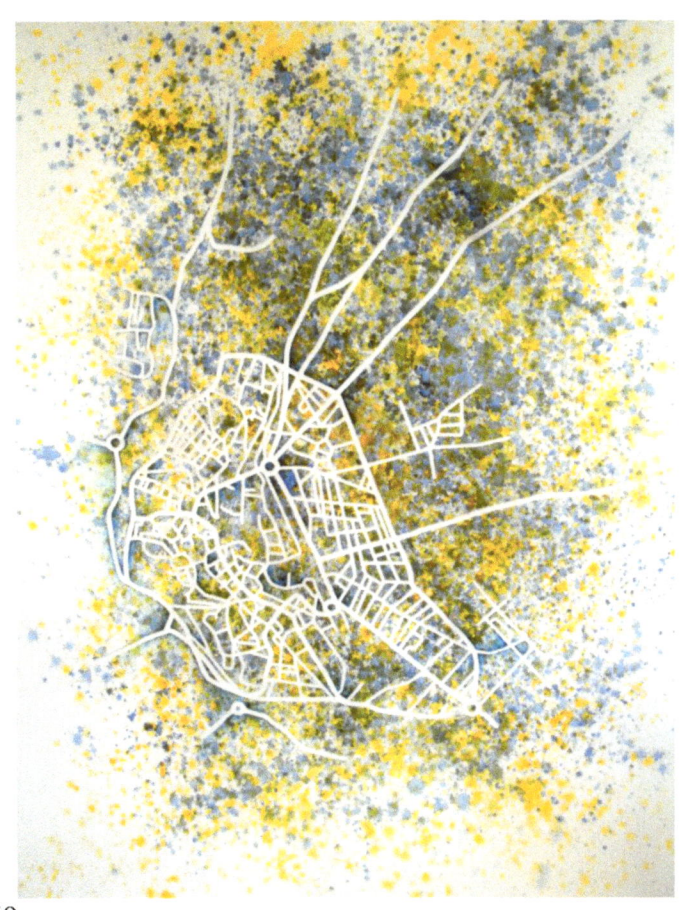

Il a fallu se mouvoir jusqu'à l'hypnotisme, course au sein d'une géographie devenue mentale, cristallisée au point d'être dessinable : Françoise a décidé de graver sur papier ce qui se répétait « comme un leitmotiv...[xii] » dans son esprit. Elle crée dès lors, à partir des cadastres qu'elle récupère des endroits où elle a vécu petite, la série *Itinéraires*.

« Une fois de plus le Grau d'Agde. Je reviens toujours aux mêmes endroits, ça se répète. Sûrement que je cherche la même chose. C'est con, je sais, je suis encore empêtrée dans ces sables mouvants. Ils sont issus de

59

ma mémoire, il n'y a que là qu'ils existent mais toujours j'y replonge. C'est comme la satisfaction de l'habitude. Je m'y complais je crois.[xiii] »

Pour cette série, elle s'est attaquée cette fois directement à des feuilles de papier Arches (certes de 300 livres d'épaisseur) par la technique du jet de sable, technique plutôt réservée par la virulence de la projection des grains à graver le verre ou la pierre : la fragilité du matériau « papier » fut soumise à la violence de cette technique de gravure. Françoise libère des feuillets de son esprit.

Elle a dépouillé ces lieux sclérosants d'attachement à leur structure-même, les attaquant jusqu'au dénudement. Affichés, ils semblent désormais « affranchis ».

Fait suite à cette série celle des *Structures-Cigales,* reprenant cette fois la structure fines des ailes de cet insecte qui la fascine, tellement qu'elle collectionne les exuvies qu'elle trouve ici et là en chemin : Montréal grésille du chant des cigales l'été comme dans le Sud de la France où a grandi l'artiste! La Migratrice déploie ses ailes.

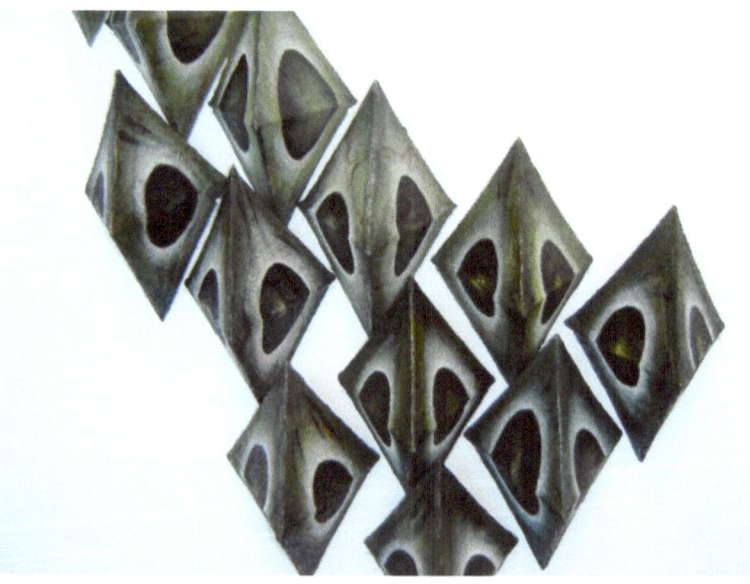

Les Migrateurs d'il y a quelques années, eux, semblaient être aussi des insectes, nuée de bestioles aux « ailes repliées », clandestines en cavale : structures tridimensionnelles de 45 x 25 x 25 cm, peintes, ces curiosités sont souvent comparés à des *aliens,* ce qui ne dérange pas l'artiste se considérant elle-même comme une *alien*, me confie-t-elle tranquillement. Françoise durant son voyage des États-Unis au Canada les a admirées en chemin, les photographiant poétiquement dans les champs, sur des arbres, aux différents points de sa traversée pour finalement les assembler sur deux panneaux lors de son exposition à la Galerie de la lutherie Wilder & Davis de Montréal. *Les Migrateurs* arborent de grands disques noirs sur leurs facettes ressemblant à de grands yeux, que je comparerais plutôt aux oscilles des ailes du papillon, permettant aux fragiles insectes de se protéger du prédateur : les papillons, aux grands yeux noirs illusoires, se posant de point en point.

« Dans le cas de mon installation, j'ai utilisé mes Migrateurs pour symboliser cette quête de soi, ce mouvement entre les différents lieux où j'ai vécu, et en particulier ma progression dans le monde. M'interrogeant sur les concepts d'appartenance et d'identité.[xiv] »

La cigale s'érigeait également en portrait, nous faisant face de ses yeux fixes pour l'exposition collective *Body Bags* à la Galerie Zéphyr à Montréal en 2011 : quatre artistes s'étaient en effet mobilisés autour de la thématique de la violence policière, suite à la mort du jeune Jamaïcain de 19 ans, Anthony Griffin, abattu accidentellement

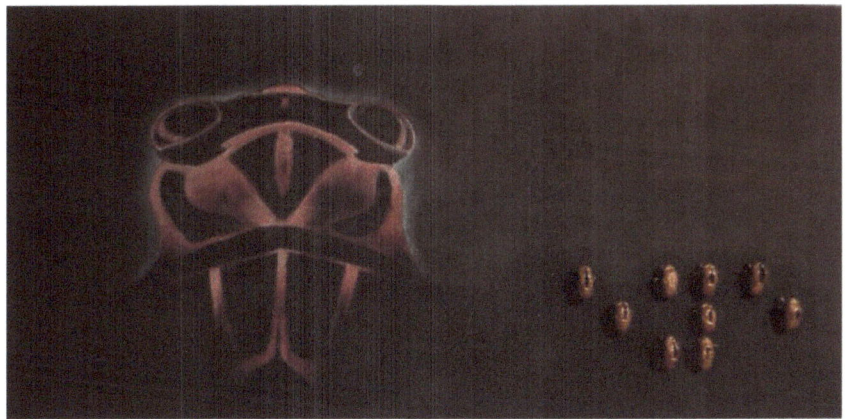

d'une balle dans le front par un policier le 11 novembre 1987, lors d'une tentative de « contrôle à distance » du jeune-homme prenant la fuite dans le quartier de Notre-Dame-de-Grâce à Montréal. Des exuvies de cigales viennent composer aux côtés de l'imposant portrait de la cigale un message en braille, signifiant « EYE » autrement dit « ŒIL » : celui du témoin qui voit, n'ose parler ouvertement, mais peut encore communiquer par un langage « touchable » et même « touchant », celui de l'art.

DE L'ESPACE AU COEUR : UN ESPACE « ÉLÉGANT » À L' ARCHITECTURE FLUIDE FRÉMISSANTE

À présent *Françoise Issaly* balaie du regard ce qui l'entoure avec calme et sérénité. Au travers de sa pratique d'artiste, elle partage sa vision du Monde, initiant le regardeur au principe de la vacuité chère à la philosophie bouddhiste, dans une proposition de représentation en pleine conscience de l'illusion du procédé pictural même, n'hésitant pas pour cela à couper, dans la plus grande maîtrise, ses compositions pour laisser œuvrer le vide primordial : avec attention, elle accorde à l'espace sa place honorifique d'œuvre en soi.

Au travers de la question *Que reste-t-il ?* qu'elle s'est posée il y a plus de quinze ans, *Françoise Issaly* a cherché en effet obstinément à se défaire des apparences trompeuses, afin de valoriser l'Espace qu'il reste, « au cœur » : celui, essentiel, harmonieusement parcouru de fines saillies... celles des ailes translucides recouvrant le seul Espace nôblement habitable et transmuable.

Dans sa série des *Structures-Cigales* nous est-il en effet poétiquement donné d'avancer au travers de « filaments », nervures des délicates ailes de l'insecte-musicien, comme nous le suggère le titre de la série... À moins que ce ne soit des filaments galactiques ou encore le capillaire sanguin : réseaux et maillages se superposent ainsi, interconnectés entre les voiles des divers films acryliques comme autant de dimensions. Selon d'ailleurs la formule que l'artiste emprunte au philosophe Gilles Deleuze dans sa perception de la matière et du statut de l'objet :

« *La texture ainsi ne dépend pas des parties elles-mêmes, mais des strates qui en déterminent la " cohésion " : le nouveau statut de l'objet, l'objectile, est inséparable des différentes strates qui se dilatent, comme autant d'occasions de détours et de replis.*[xv] »

Cet Espace que nous dévoile ici l'artiste, aux nombreuses dimensions, pourrait être également rapprocher de la conception de l'*Espace Élégant* dans la *Théorie des Cordes,* qui intrigue et passionne Françoise Issaly : l'univers dans la totalité de ses éléments, c'est-à-dire depuis le microcosme jusqu'au macrocosme, serait, selon cette récente théorie scientifique, constitué de minuscules brins d'énergie vibrant, appelés ainsi « cordes », produisant dans leur oscillation, toutes ensemble, une extraordinaire symphonie cosmique!

Laissons dès lors tendre nos sens à cette « architecture fluide » vibrant au cœur des choses, expression qu'employait métaphoriquement le poète anglais Gerard Manley Hopkins à la fin du XIXème siècle pour évoquer, lui, la musique !

L'artiste-peintre Françoise Issaly vise, dans sa démarche artistique, à allier Science, Art et Spiritualité, rappelant à bien conserver la part d'inconnu, préservant humilité et ouverture face aux découvertes autant qu'aux nécessaires éveils. Elle se distingue en qualité d'artiste comme héritière de tout un pan de la Peinture Moderne Abstraite, aux intérêts autant scientifiques que spiritualistes.

Aude Delaporte

Artiste en arts visuels et écrivaine pour la revue ARTSLIVRES (artslivres.com), Aude Delaporte détient une double formation en Histoire de l'Art (Université de Nanterre, France) et en Arts-Plastiques (La Sorbonne, Paris, France). Ses mémoires de maîtrise et de D.E.A./master se sont développés en 2002 et 2003 autour de la thématique centrale du « réseau »: « le réseau des formes », « le réseau comme instrument d'investigation des formes », « le réseau comme instrument d'investigation des dynamiques de l'ordre et du désordre », « de la cellule au réseau : appareillages », « du réseau à son appareillage ». Artiste française, elle choisit de s'installer en 2007 à Montréal, au Québec et dispense, dans différents centres et institutions de la ville, des cours d'histoire de l'art et d'arts-plastiques. C'est au Centre d'Art La Salamandre, en 2009, qu'elle découvre l'exposition « Entre Nous / Between Us » et fait la rencontre de l'artiste franco-canadienne Françoise Issaly. Immédiatement interpellée par la manière, tout en abstraction, de l'artiste-peintre, ainsi que par sa technique, elle garde contact et se rend à ses successives expositions. Attentive à l'évolution du travail de l'artiste, Aude Delaporte écrit un article sur son œuvre en mars 2011 pour la revue ArtsLivres intitulé « Françoise Issaly, d'une rive à l'autre », dont est publiée pour ce catalogue, une version réactualisée, ainsi que la présente biographie de l'artiste.

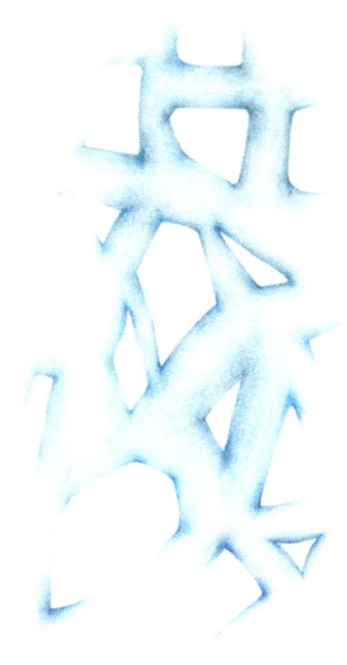

Artiste prolifique en arts-visuels, écrivaine et éditrice, multi-disciplinaire et migratrice, *Françoise Issaly* offre, aux spectateurs de ses œuvres, une expérience sensible au cœur de l'abstraction, créant tout en transparence, par la délicate superposition de voiles acryliques, les visualités énigmatiques d'un Absolu phénoménologique.

Précisément nous transmet-elle, depuis ses œuvres, la conception bouddhiste qui lui est chère, selon laquelle l'univers tout entier serait placé dans la conscience individuelle. Aussi l'artiste, par son acte de peindre, contribuerait à préserver l'Équilibre universel. Cette harmonisation obtenue par le geste créateur méditatif est offert à l'expérience contemplative du spectateur : un saut suivi d'une voltige depuis le micro jusqu'au macrocosme à partir du seul dessin des veines ajourées d'une aile de cigale, selon l'incitation de l'artiste ayant nommée sa toute nouvelle série « Structures-Cigales ».

Ainsi relie-t-elle dans son œuvre Science, Art et Spiritualité, tout en rappelant au respect concernant la part d'Inconnu, garantissant humilité et ouverture aux seules nouvelles avancées permettant d'unir, de plus belle encore, les deux continents que sont les sciences d'un côté et la spiritualité de l'autre. Pour s'en assurer confronte-t-elle directement le regardeur au vide et même à l'apparition, en partie ou en totalité, de mystérieux agro-glyphes en contact aux autres motifs de la toile.

Françoise Issaly, artiste franco-canadienne, compte une quarantaine d'expositions à son actif depuis 1994. Après avoir parcouru le monde entre 1993 et 2005, elle a fait de Montréal (Québec, Canada) sa ville privilégiée de résidence. Elle enseigne les arts-visuels à l'Université de Montréal et au Musée des Beaux-arts de Montréal et compte parmi les membres de l'Artothèque de Montréal. Éditrice indépendante, elle publie de nouveaux auteurs-artistes canadiens. Elle donne des conférences dans les Universités des différentes grandes villes d'Amérique du Nord sur les matériaux, instruments et techniques artistiques pour le compte d'une célèbre marque de Beaux-arts.

FRANÇOISE ISSALY : CURRICULUM VITAE

Née à Béziers (France) en 1968

Scolarité

1992 **Doctorat en Communication Arts et Spectacles** (en rédaction)
1991 **D.E.A. en Communication, Arts et Spectacles.**
1990 **Maîtrise en Arts Plastiques.**
1989 **Licence en Arts Plastiques**. Option Peinture.
Université Michel de Montaigne, Bordeaux III, France.

1988 **D.E.U.G. en Arts Plastiques**. Option en Image, Spectacle, Audio-Visuel.
Université Paul Valery, Montpellier III, France.

Expositions individuelles (sélection)

2011 « Migrations », Wilder & Davis, Montréal, Qc
2009 « De l'illusion du Sens », Galerie Port-Maurice, Montreal, Qc
2009 "Inner Outer Circles', Artamo Gallery, Santa Barbara, CA USA
2005 "Francoise ISSALY", Gallery International, Baltimore, MD
2004 "Before the Fall", Roberts Art gallery, Santa Monica, Californie, USA
2004 "Series of Layers", Orange County Center for Contemporary Art, Santa Ana, CA, USA
2004 "Et tout a-t-il une fin..." Galerie Port-Maurice, St-Léonard, Montréal, Qc, Canada
2003 "Configuration(s)," Centre Culturel de Verdun, Verdun, Qc, Canada
2003 "Espaces Pluriels," Galerie Konrad Mönter, Meerbush, Allemagne
2002 "Regarder Ailleurs," Ville de Châteauguay - Centre Culturel, Châteauguay, Qc, Canada
2002 "De la Nécessité d'avoir un corps," Consulat Général de France, Montréal, Qc, Canada

Expositions collectives (sélection)

2012 "L'amour", Corrid'Art de la Compagnie F, Montréal, Qc
2011 "Urban Grid", Galerie Artamo, Santa-Barbara, Ca
2011 "Body Bags" , Zéphyr, lieu d'art, Montréal, Qc
2009 "Collection 2010", Galerie Stewart Hall, Pointe Claire, Qc
2009 "DIRECTIONS', Orange County Center for Contemporary Art, Santa Ana, CA USA
2008 "Cusp", Crussell Fine arts, Orange, Californie USA
2007 "Painting & Poetry", Artamo gallery, Santa Barbara, CA USA
2005 "Les îles inventées – 100 supports" (trio), Maison de la Culture Ahuntsic-Cartierville, Montréal
2005 Laguna Art Museum, Sales and rental gallery, Laguna Beach, CA USA

2004	"Perceptions", Orange County Center for Contemporary Art, Santa Ana, CA, États-Unis
2003	"Les Femmeuses 2003," Pratt & Whitney Canada, Longueuil, Qc, Canada
2003	"D. Davidson/F. Issaly/M. Ulczak," Arts Sutton, Sutton, Québec, Canada
2002	"Exposition des artistes finalistes," Galerie d'art, Musée des Beaux-Arts, Montréal, Qc, Canada.
2002	"Les Femmeuses 2002," Pratt & Whitney Canada, Longueuil, Qc, Canada

Bourses

2005	*Lancement international de carrière*, **Affaires Etrangères Canada, Canada.**
2003	*Bourse de déplacement*, **Conseil des arts et des lettres du Québec, Canada.**

Publications

2012	« Structure », catalogue d'exposition
2010	« Les Migrateurs », Françoise ISSALY ISBN 978-0-9811860-2-3
2009	« Inner Outer Spaces », Françoise ISSALY ISBN 978-0-9811860-1-6
2008	« Cusp », Catalogue de l'exposition, Crussell Fine Art, Californie, USA
2008	*Répertoire de la diversité artistique de Montréal*, Conseil des Arts de Montréal, juin 2008
2007	« Subset », Catalogue d'exposition, Crussell Fine Arts, Californie
2005	Exhibition catalog, Gallery International, texte de J. Grande
2003	Catalogue les Femmeuses 2003, Pratt & Whitney Canada, Longueuil, Qc
2002	Catalogue Femmeuses 2002, Pratt & Whitney Canada, Longueuil, Qc

Médias:

2009	« Logique car contradictoire » par Bernard Levy, Vie des Arts #215
2008	Mettez-y du piquant, avec Lena GHIO, CHOQ FM, Montréal, Qc 23/06/08
2005	*Artist envisions in-between spaces*, G. McNatt, Baltimore Sun, 10 février 2005
2004	*Françoise Issaly: Et tout a-t-il une fin...*, John K. Grande, Vie des Arts #194, printemps 2004
2004	« Les Configurations de Françoise Issaly », D. Charbonneau, Aux Arts etc..., Radio Canada
2003	Towson Times, par Mike Giuliano, 23/04/03
2003	« *Französin sucht das Gleichgewich* »", V. Zimmerer, Rheinische Post, Dusseldorf, 25/01/03
2003	« *Die linie bildet das zentrale motiv* », M. Ingel, Dusseldorf, 28 Janvier 2003
2002	« *Le monde de l'irrationnel et de l'interrogation* », J. MAUREL, l'Hérault du Jour, 20/06/02

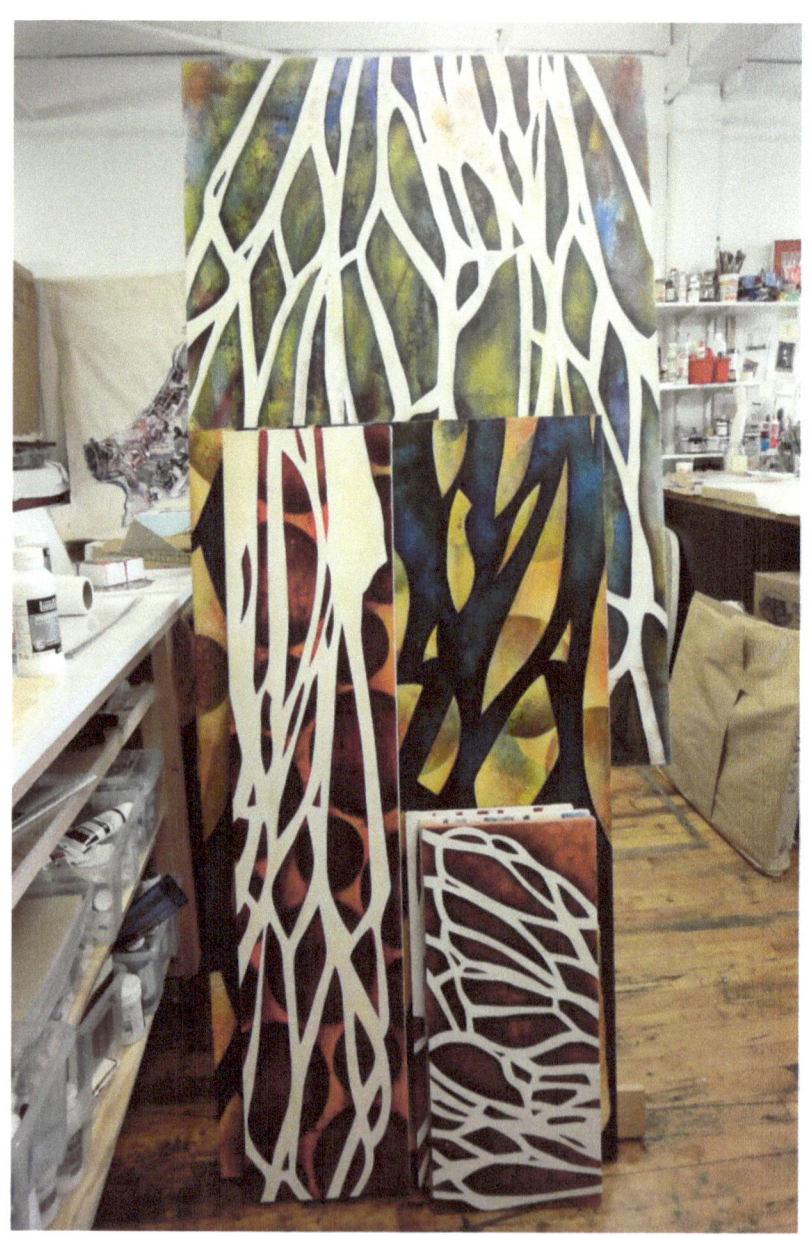

Appendice

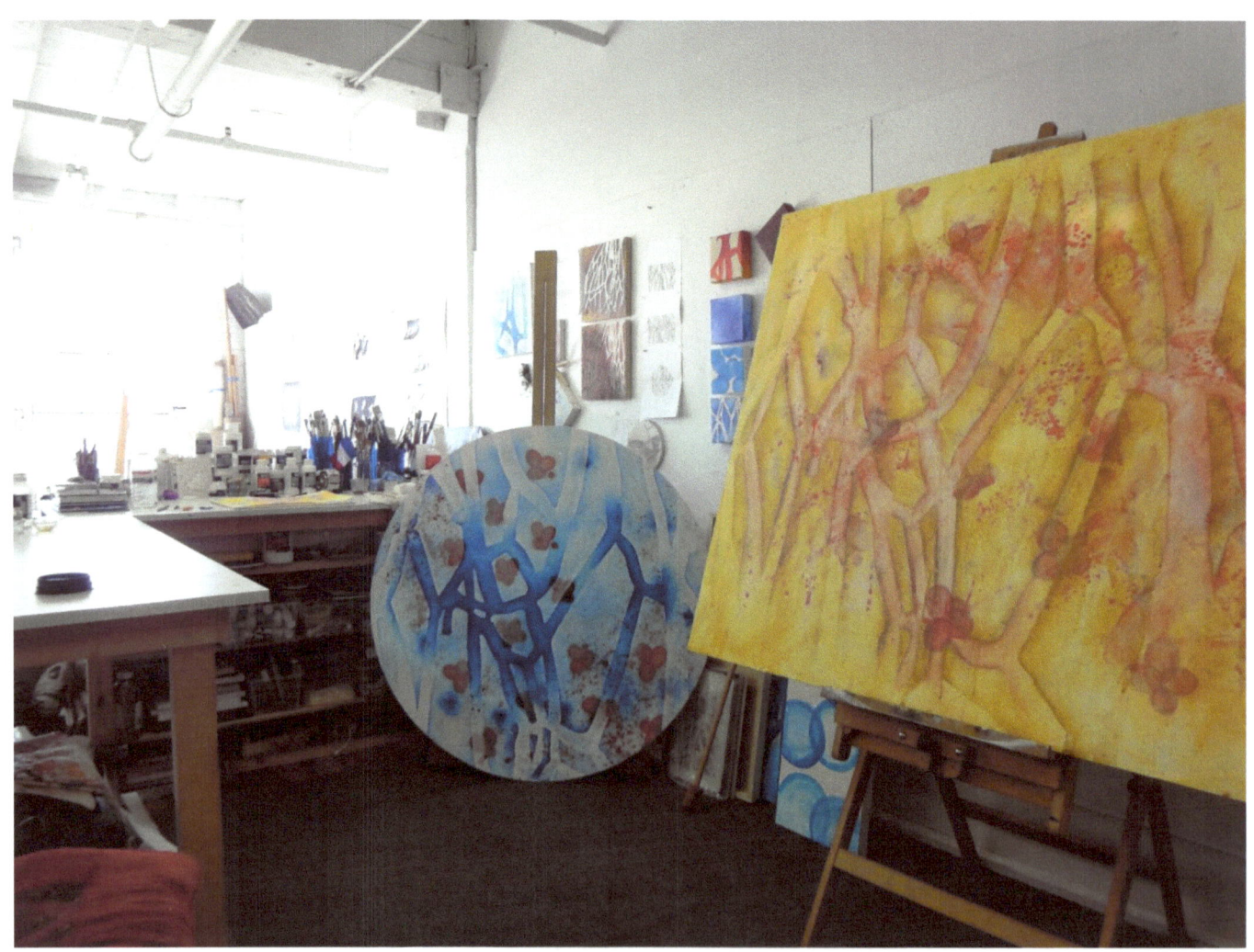

Images pages 7, 10 et 11

1- **Structure – Cigale** (étude en noir)
Encre sur papier Arches
26 x 36 cm, 2012

2- **Etudes pour Cigales** (Dessin I, II, III, IV)
Encre sur papier Arches
17.5 x 25.5 cm, 2010

Images dans le texte :

1- **Inner Outer Circles XXXIII**
Acrylique sur toile (Diptyque)
90 x 120 cm, 2009

2- **Configuration VI**
Acrylique sur bois
6 carrés de 30 cm, 2004

3- **Structure – Itinéraire IV**
Acrylique et gravure au jet de sable sur papier Arches
118 x 86 cm, 2010

4- **Les Migrateurs** (Détail installation)
Bois, acrylique, tule.
Dimensions variables, 2005

5- **Body bags – EYES**
Crayon et exuvies de cigales sur bois.
30 x 60 cm, 2011

6- **Structure – Cigale (Dessin Bleu)**
Crayon sur papier Stonehenge
110 x 32 cm, 2012

7- **Vues d'atelier** (p.3, 55, 68, 70)
2011/2012

[i]   Kenneth White, « *Périgrination en Laurasie* », IN Rachel Bouvet, André Carpentier et Daniel Chartier, dir., *Nomades, voyageurs, explorateurs, déambulateurs, Les Modalités du parcours dans la littérature*, L'Harmattan, Paris, 2006, p. 2

[ii]   Le Complexe du Canal Lachine où Françoise Issaly a son atelier est une ancienne usine de matelas située au Sud-Ouest de l'île de Montréal (Québec, Canada). Il est situé aux bords-même du Canal Lachine.

[iii]   Françoise Issaly, Exposition « *Migration* » Galerie Wilder & Davis, Montréal, Québec, 2011. Exposition des *Migrateurs* et des photos des *Migrateurs* in situ, au cours de la traversée en 2005 des États-Unis, depuis La Californie jusqu'à Montréal au Canada.

[iv]   *Note du Samedi 22 janvier 2000* IN Françoise Issaly, *Les Migrateurs*, ed. Françoise Issaly, 2010, p. 5.

[v]   Françoise Issaly, *Les Migrateurs,* Note du Samedi 22 janvier 2000, ed. Françoise Issaly, 2010, p. 5.

[vi]   Françoise Issaly, Transcription d'un extrait de la vidéo Migrations.

[vii]   Françoise Issaly, Essai de l'artiste sur sa série de peintures Configurations IN www.francoiseissaly.com/essais.htm

[viii]   « La géopoétique est une théorie-pratique transdisciplinaire applicable à tous les domaines de la vie et de la recherche, qui a pour but de rétablir et d'enrichir le rapport Homme-Terre depuis longtemps rompu, avec les conséquences que l'on sait sur les plans écologique, psychologique et intellectuel, développant ainsi de nouvelles perspectives existentielles dans un monde refondé. » Kenneth White IN http://www.kennethwhite.org/geopoetique/.

[ix]   Françoise Issaly, Essai de l'artiste sur sa série de peintures Configurations IN www.francoiseissaly.com/essais.htm

[x]   Alain, Borer et al, *Pour une littérature voyageuse*, Éditions Complexes, Bruxelles,1999 [1992], p. 182.

[xi]   Note du 1er octobre 1997 IN Françoise Issaly, *Les Migrateurs*, ed. Françoise Issaly, 2010, p. 34.

[xii]   Note du Samedi 22 janvier 2000 IN Françoise Issaly, *Les Migrateurs*, ed. Françoise Issaly, 2010, p. 5.

[xiii]   Note du 17 septembre 2011 IN Françoise Issaly, *Les Migrateurs*, ed. Françoise Issaly, 2010, p. 68.

[xiv]   Françoise Issaly, Essai de l'artiste sur sa série de peintures Les Migrateurs, www.francoiseissaly.com/essais.htm

[xv]   G. Deleuze, *Le Pli, Leibniz et le baroque*, Collection « Critique », Les Éditions de minuit, Paris, 1988.p.52